ひろさちや

大乗仏教の真実

インド仏教の歴史

महायान

春秋社

大乗仏教の真実——インド仏教の歴史

目次

大乗仏教の真実——インド仏教の歴史

序章　仏教は大乗仏教に始まる

▼仏教とは何か？

仏教の歴史を書くにあたって、最初に問われねばならないのが、

――仏教とは何か？――

である。そもそも「仏教」とは何かを明確に定義しておかないと、われわれはその歴史を書くことができない。わたしたちの日常生活においても、暗黙の了解でもって最初は「羊」について論議しているつもりであったが、いつのまにか「山羊《やぎ》」の話になっていて、議論が錯綜することがある。これは最初に「羊」とは何かを明確にしておかなかったがために、そうした齟齬《そご》をきたすことになるのだ。だからわれわれは、ぜひとも「仏教」とは何かを明確

にしておかねばならない。

だが、この点がまことに厄介なところであるが、「仏教とは何か?」は仏教の歴史を書き始める前に問われるべき問いであると同時に、常に仏教の歴史を書きながら問われるべき疑問である。たとえば、現在の日本の仏教は、衆目の一致するところ「葬式仏教」か「観光仏教」になっている。このようなものを「仏教」と呼んでよいのかどうか、それは仏教の歴史を書きながら答えるべき問題であろう。

巷間では、このようなジョークが語られている。

わが子が不登校を始めたもので、母親が菩提寺《ぼだいじ》の和尚に相談に行った。すると和尚が言った。

「わしはナマモノは扱わんのじゃ。死体になったら持っておいで」

と。まあ、これはジョークである。作り話だ。しかし、辞書(『大辞林』)を見ると、

《菩提寺……先祖代々の墓をおき、葬式や法事を行う寺。檀那寺》

とある。これじゃあ、和尚の言う、「わしはナマモノは扱わん」はジョークでなくなってしまう。

また、日本の多数の寺院が世界の文化遺産に登録されている。慶賀に堪えない。でも、それは「遺産」なのだ。大事なことは、われわれはその遺産を活用しているか否かである。ただ観光のために利用しているのであれば、あまりにも悲しい。

果して葬式仏教・観光仏教なるものを「仏教」の名で呼んでよいのか？　その問いは、日本の仏教がどうしてそこまで堕落してしまったのか、その歴史のプロセスを精察することによって答えられるものだ。したがって、「仏教とは何か？」の問いは、われわれが仏教の歴史を書き始める前に問われるべきものであると同時に、仏教の歴史を書きながら、そして仏教の歴史を書き終わったのちに答えられる問いである。

そこのところが、なかなか厄介である。

▼大乗仏教と小乗仏教

いや、それよりももっと厄介なのが、仏教に、

――大乗仏教と小乗仏教――

の二つがあることだ。この二つは、わたしに言わせれば、まったく違った宗教である。どちらか一方を「仏教」と呼ぶならば、もう一つのほうは仏教であるはずがない。にもかかわらず、これまでわれわれは二つをともに「仏教」と呼んできた。そこで、そもそも「仏教」とは何かが分からなくなってしまうのだ。

ところで、どうやら日本人は相当なお人好しである。

いや、日本人がお人好しなのではない。昔の日本人はそうではなかった。日本人がおかしくなったのは近代に入ってである。明治以降の日本人は、日本仏教が堕落してしまったもの

で、東南アジアの仏教徒に対してインフェリオリティー・コンプレックス（劣等感）を抱いている。そこで彼らの仏教を、端的に、

〝小乗仏教〟

と呼べないでいる。〝小乗〟といった呼び方は失礼である。差別語である。だから、南方仏教あるいはテーラワーダの仏教と呼ぶべきだと言う学者がいる。どうも卑屈になっているのだ。

〝小乗〟という語は、サンスクリット語で〝ヒーナヤーナ〟という。対する〝大乗〟は、〝マハーヤーナ〟。このサンスクリット語の〝ヒーナヤーナ〟は、ときに「下劣乗」と訳されるように、貶称・蔑称である。それ故、〝下劣乗〟は使わないほうがいいだろう。けれども〝小乗〟という呼び名がいけないというのなら、われわれは〝小学校〟の呼称も使えなくなる。

そもそも〝小乗〟（ヒーナヤーナ）といった呼称は、インドの地で大乗仏教が興起したとき（紀元前後のころ）、その大乗仏教徒が自分たちの教えを「大乗」「優れた乗物」と標榜《ひょうぼう》し、それまでにあった教えを「小乗」「劣った乗物」と呼んだことに由来する。なぜ劣っているかといえば、彼ら小乗仏教徒は煩瑣な教学ばかりにうつつを抜かし、ただ自分たち出家者の利益ばかりを図り、大勢の衆生の救いをいっさい考えなかったからである。

「そんな小乗の教えはだめだ！　大勢の衆生が救われる教えでなければならない！」

大乗仏教徒はそう主張したのである。

われわれは、その大乗仏教徒の意気込みを忘れてはならない。

わたしたちが初期の大乗仏教徒の意気込みを忘れて、変に小乗の徒に遠慮を始めたからこそ、日本仏教は堕落してしまったのだ。わたしはそう思う。

だからわれわれは大声で言おうではないか。

「小乗の教えは劣っている。大乗の教えこそ、真の仏教である」

と。そして、そこから日本仏教の再興を図らねばならない。

なお、現在、スリランカやタイ、ミャンマー等で信奉されている宗教は、系統的には小乗から派生したものではあるが、大乗仏教が興起した紀元前一世紀ないしは紀元後一世紀にあった小乗と同じものではない。まったく様相を一変した宗教になっている。したがって、われわれはそれを「テーラワーダ教」と呼んだほうがよさそうである。「小乗」というのは、かつて歴史のある時期に存在していた宗教である。現在の東南アジアの宗教が「小乗」だと考えて、〝小乗〟の語を使ってはならないと主張する人のほうが、東南アジアの人々に対して失礼な意識を持っているのである。

▼小乗仏教は釈迦の教えにあらず

そこで、わたしは爆弾発言をしたい。

——小乗仏教は仏教ではない。仏教とは、大乗仏教にほかならない——

これはまことに驚天動地の発言である。ひょっとしたら、わたしは、正気を疑われてしまうだろう。

だが、わたしは正気である。

かつて、ドイツの哲学者のカント（一七二四—一八〇四）はその著『純粋理性批判』において、従来の考え方を根本的に引っくり返す学説を提唱し、それを「コペルニクス的転回」と呼んだ。それまでの認識論の考え方は、認識（主観）は対象（客観）に依存するというものであったが、カントはそれを逆にして、対象（客観）のほうが認識（主観）を構成していると主張したのである。これは、ちょうどポーランドの天文学者のコペルニクス（一四七三—一五四三）が、それまでの地球中心の宇宙説である天動説を引っくり返して地動説を唱えたのに似ている。それでカントは自己の認識論を「コペルニクス的転回」と呼んだのであった。こんなことを言えば、わたしは自分をカントのような偉い哲学者と自惚れているように誤解されそうであるが、ここでわたしが言っているのは、まさに「仏教」についての「コペルニクス的転回」である。

というのは、従来の学者——といっても、おおむね明治以降の日本の仏教学者であるが——は、小乗仏教のほうが本物の仏教であって、大乗仏教は釈迦滅後五百年もして興起した新興宗教であって、ニセモノとは言わないまでもイミテーション仏教であると考えてきた。

なぜそうなったかといえば、明治以前の日本人は漢訳仏典でもって仏教を学んできた。漢訳仏典の中心は大乗仏教である。もちろん、小乗仏教の経典類も漢訳されているが、釈迦が本当に説きたかったのは大乗の経典であって、小乗の経典類（それを「阿含経《あごんきょう》」と呼ぶ）は、釈迦が程度の低い初心者に入門的に説かれたものであると考えられていた。

ところが、明治になって、西洋経由でパーリ語で書かれた南方仏教（小乗仏教から発展したテーラワーダの仏教）の経典が入って来る。それを文献学的に研究すれば、大乗仏教の経典よりもずっと古いものだということが分かった。そこで、パーリ語の経典こそが釈迦の説いた教えであり、大乗仏教の経典は釈迦が説いたものではないと考えられるようになった。それが「大乗非仏説」と呼ばれるものである。ただし、ここで〝仏〟というのは釈迦のことだ。われわれはまだ「仏」というものがいかなる存在かを明確にしていないのだから、〝大乗非仏説〟といった表現はしないでおく。

――大乗非釈迦説――

と呼ぶことにする。大乗仏教は釈迦が説いた教えではない、というのである。

歴史的にいえば、この「大乗非釈迦説」は否定することができない。それで、明治以降の日本では、どうも大乗仏教のほうが肩身が狭くなってしまったのだ。もっとも、日本の仏教が「葬式仏教」や「観光仏教」に堕落せず、しっかりとした宗教活動を続けていれば、文献学者の主張を歯牙にもかけずにおれたであろう。仏教が堕落したもので、文献学者をのさばらせることになったのである。

だが、問題は、われわれは「大乗非釈迦説」を承認せざるを得ないとしても、それがそのまま「小乗釈迦説」になるかどうかである。なるほど、小乗の経典のほうが歴史的に古い。大乗経典（『法華経』や『般若心経』『華厳経』『阿弥陀経』など）は釈迦が入滅して五百年以上もあとになってつくられた経典である。しかし、小乗経典が古いからといって、それが釈迦の教えを正確に伝えているといった保証にはならない。文献学者は、古い文献と新しい文献であれば、古いもののほうが正しいとする。まあ、文献学者はそうせざるを得ないかもしれないが、古い文献である小乗経典が、その小乗経典をつくった連中に都合のよいように、釈迦の教えを歪めている可能性がある。彼らが、

「釈迦はこのように教えられた」

と主張しても、それがデッチアゲであるかもしれないのだ。

そして、わたしは、小乗仏教は完全に釈迦の教えを歪め、釈迦が言ってもしないことを釈迦が言ったかのようにデッチアゲたのが小乗経典であると思う。

とすると、「大乗非釈迦説」であり、同時に「小乗非釈迦説」である。

それを承認した上で、では大乗と小乗のどちらが釈迦の教えに近いか？　われわれはそう問わねばならない。

そして、わたしは、大乗こそが釈迦の教えに正しく立脚しており、小乗は釈迦の教えを歪

めたものである、と考えている。つまり、小乗は釈迦の教えではないのである。それがわたしの爆弾発言である。

▼悟りを開けば仏になれるか？

仏教とは何か？　最初の問いに戻る。

仏教とは、「仏・教」である。すなわち、仏教とは「仏の教え」だ。この定義には誰も異論はあるまい。

そうすると、次に問題になるのは、

――仏とは何か？――

である。この「仏」の定義いかんによって、仏教というものがまったく違ってくるのである。

〝仏〟はサンスクリット語の〝ブッダ〟の音訳語である〝仏陀〟を省略したものだ。そして〝ブッダ〟は、「(真理に)目が覚めた人」を意味する。釈迦は三十五歳のとき、宇宙の真理に目覚めてブッダ(仏陀・仏)となった。そのブッダになった釈迦の教えが仏教である。簡単にいえばそうなる。

では、問題は、誰でも真理に目覚めることによって、ブッダになることができるか？　である。なお、ここしばらくのあいだは、われわれはカタカナ表記の〝ブッダ〟で話を進めることにする。というのは、最初期の仏教——すなわち、釈迦在世中の仏教——において、ブッダがどのような存在と考えられていたかを問題にしたいからである。

釈迦の在世のあいだは、釈迦はブッダであると認められていた。と同時に、釈迦の教導によって悟りを開くことのできた弟子たちもブッダと認められていた。これは、必ずしも仏教教団内部だけではなかった。仏教とほぼ同じころインドに発祥した新宗教にジャイナ教があるが、そのジャイナ教の文献においても、釈迦はブッダと呼ばれ、またシャーリプトラ（舎《しゃ》利弗《りほつ》）を筆頭に数人の釈迦の弟子がブッダの呼称でもって言及されている。

このジャイナ教との関係でおもしろいのは、ジャイナ教では開祖のヴァルダマーナ（尊称はマハーヴィーラ。漢訳名は大雄《だいゆう》。仏典ではニガンタ・ナータプッタの名で呼ばれる）は、〝ジナ〟と呼ぶ。〝ジナ〟とは「勝利者」「煩悩を克服した者」の意。また、ヴァルダマーナばかりでなしに、高弟たちもジナと呼ばれた。

しかし、最初期のジャイナ教の文献においては、〝ジナ〟の呼称のほかに〝ブッダ〟も使われ、両者が混在しているのである。

それは仏教でも同じであって、最初期の文献においては、釈迦は〝ブッダ〟とも呼ばれ、また〝ジナ〟とも呼ばれていた。

ということは、仏教においてもジャイナ教においても、最初のころは〝ブッダ〟と〝ジナ〟が区別なく使われていたのだ。ところが、そのうちに、仏教はもっぱら〝ブッダ〟の呼称を用い、ジャイナ教のほうでは〝ジナ〟を使うようになり、それが定着してしまったわけである。

まあ、ともかく、初期の仏教においては、釈迦だけではなしに悟りを開いた弟子たちもブッダと呼ばれていた。したがって、悟りを開けば誰だってブッダになれるのである。そのことはまちがいがない。

▼五百人ものブッダがいる

でも、そうだとすると、ブッダというのは安っぽい存在にならないか。だって、そうでしょうよ。釈迦の弟子のうちで少なからざる者が悟りを開いているのである。

もっとも、ジャイナ教側の文献では、釈迦の教導によって悟りを開いた弟子を〝ブッダ〟と呼んでいるが、仏教側の文献では〝ブッダ〟の呼称を避けて彼らを、

――阿羅漢《あらかん》――

と呼んでいる。〝阿羅漢〟はサンスクリット語の〝アルハン〟の音訳語で、尊敬・施しを受けるに値する聖者を意味する。あるいは、この〝arhan〟を通俗語源解釈をして、われわれの内にある煩悩という賊（ari）を殺した（√han）者といった意味で〝殺賊《せつぞく》〟と訳されることもある。「殺賊」であれば、ジナ（勝利者）と同じ意味になる。

ともかく、初期の仏教文献（小乗仏教の文献）においては、悟りを開いた者をすべて阿羅漢と呼んでいる。そのうちには、釈迦も入っているのである。

たとえば、釈迦が伝道活動の最初に五人の弟子を教導し、その五人が五人ともに悟りを開いた。そうすると、それを、

かくてこの世に六人の阿羅漢あり。

と、初期の文献（『律蔵』マハーヴァッガ）は記している。「六人」とは、五人の弟子プラス釈迦その人である。

さらに、開悟する弟子たちが増えるにしたがって、阿羅漢の数も増えていく。

かくてこの世に阿羅漢、七人ありき。

そのとき、この世に阿羅漢は十一人となった。

そのとき、この世に阿羅漢は六十一人となった。

この人数のうちには、常に釈迦が含まれている。

そして、釈迦が入滅された時点では、五百人の阿羅漢がいたことが報告されている。〝阿羅漢〟と〝ブッダ〟が同じものだとして、ブッダが五百人もいるのであるから、ブッダは安っぽい存在でしかない。そして、仏教はブッダの教えである。それが小乗仏教である。われわれは、そんな仏教を信奉できますか……?!

▼小乗仏教は阿羅漢学にすぎない

つまり、ここで言っておきたいのは、小乗仏教においては釈迦は人間と見られているのである。したがって仏教（小乗仏教）は、人間が説いた教えということになる。

もちろん、釈迦は偉い人間だ。そんじょそこらの人間ではない。だが、いくら優秀であっても、人間であることに変りはない。まあ、ソクラテス（前四七〇―前三九九）か孔子（前五五一―四七九）ぐらいの存在と思えばよい。

そうすると、小乗仏教は、孔子を祖とする儒学教団のようなものだ。儒学は儒教とも呼ばれるように、宗教と思える側面がないではない。しかし、宗教というものを、超越的な存在――神だとか仏といった存在――を信じるものだと定義すれば、儒学は宗教ではない。それと同じように、小乗仏教における釈迦は超越的な存在ではなく人間的存在であるから、小乗仏教は宗教ではない。宗教ではないのだから、小乗仏教は仏教ではないのだ。

では、それを何と呼べばよいか？

どうもわたしは奇抜なネーミング（命名）をする癖があるのだが、わたしはそれを、

――阿羅漢学――

と呼びたい。釈迦の入滅後、釈迦の弟子である阿羅漢たちは、釈迦から教わった教えを、

――われわれはいかにすれば阿羅漢になることができるか？　その理論と実践に関する教え――

と解釈し、教団はその教学の研鑽に没頭した。ちょうど儒学教団が、孔子の没後に、孔子の教説を中心として実践的倫理思想を中心とする教学の研鑽に没頭したのと似ている。そんな阿羅漢学をわたしは仏教（小乗仏教）と呼びたくないのである。

では、仏教とは何か？

仏教とは、文字通りに「仏・教」すなわち「仏の教え」であるが、その場合の「仏」がたんなるブッダ、つまり人間釈迦であれば、仏教は阿羅漢学になってしまう。仏教が真の宗教になるためには、その「仏」は超越的存在でなければならない。時間と空間を超えた絶対的存在であってこそ、われわれはそれを信仰することができるのだ。釈迦がたんなるブッダ、阿羅漢、そして人間でしかないのであれば、われわれは釈迦を尊敬はできても尊崇し信仰することはできない。だから、仏教とは、超越仏・宇宙仏の教えでなければならないのであって、大乗仏教こそが真の仏教である。わたしはそのように考えている。

▼仏教の歴史は大乗仏教に始まる

では、超越仏・宇宙仏とはいかなる存在か？

その詳しいことは、われわれは本論の中で考察せねばならない。だが、ここで、ほんのちょっと、阿羅漢学のブッダと大乗仏教の仏陀の違いを述べておく。

図を見ると分かるように、阿羅漢学でいうブッダは始まりがあり、そして終りのある存在である。始まりというのは、釈迦が三十五歳のときである。彼はブッダガヤーの菩提樹《ぼだいじゅ》の下で覚りを開いてブッダになった。そして、八十歳になって、クシナガラの地において入滅する。その入滅を涅槃《ねはん》という。〝涅槃〟とはサンスクリット語の〝ニルヴァーナ〟（その俗語形が〝ニッバーナ〟）の音訳である。「火が消える」といった意味。釈迦の肉体のうちにあって燃えていた生命の火が消えたのである。この地上からブッダの姿が消えてしまった。それが終りである。

このように、阿羅漢学のブッダは、有始有終の存在である。

それに対して、大乗仏教の仏は無始無終の存在である。時間と空間を超越した存在であるから、始まりもなければ終りもない、永遠の存在である。

その永遠の存在を宇宙と呼ぶこともできる。しかし、仏教においては、それをサンスクリット語で〝タタター〟と呼んだ。「そのようであること」といった意味。漢訳仏典はその〝タタター〟を「如」あるいは「如如」「真如」と訳している。

そして大乗仏教は、釈迦という存在を、その「如」（あるいは宇宙）から来現した存在と見ている。「如」から来たのだから「如来」である。あるいは、釈迦は宇宙人（宇宙仏）だと言ってもよい。その宇宙人（宇宙仏）がわれわれ人間世界に人間の姿をとってやって来られた。そしてわれわれに宇宙の真理をお説きになって役目を終え、再び宇宙に戻って行かれた。それが大乗仏教の仏の見方である。

このように、大乗仏教の仏と阿羅漢学のブッダとはまるで違った存在である。

＊

さて、わたしがこれから書こうとする仏教の歴史は、あくまでも「仏教」の歴史であって、小乗仏教（阿羅漢学）は仏教ではないから、対象外である。したがって、大乗仏教から仏教の歴史が始まることになる。

しかし、大乗仏教は釈迦とまったく無関係な宗教ではない。

それはちょうど、卵が孵化《ふか》して毛虫・青虫になり、蛹《さなぎ》の段階を経て蝶となるのに似ている。釈迦が卵の段階で、阿羅漢学が毛虫・青虫の段階、そして大乗仏教が蝶である。われわれは蝶の歴史を書くのであるが、それにはその卵や毛虫・青虫の段階をまったく無視できないように、釈迦を無視することはできないし、やはり阿羅漢学も無視できない。それ故、われわれは最初に、大乗仏教の誕生する前史として、釈迦と阿羅漢学を物語ることにする。し

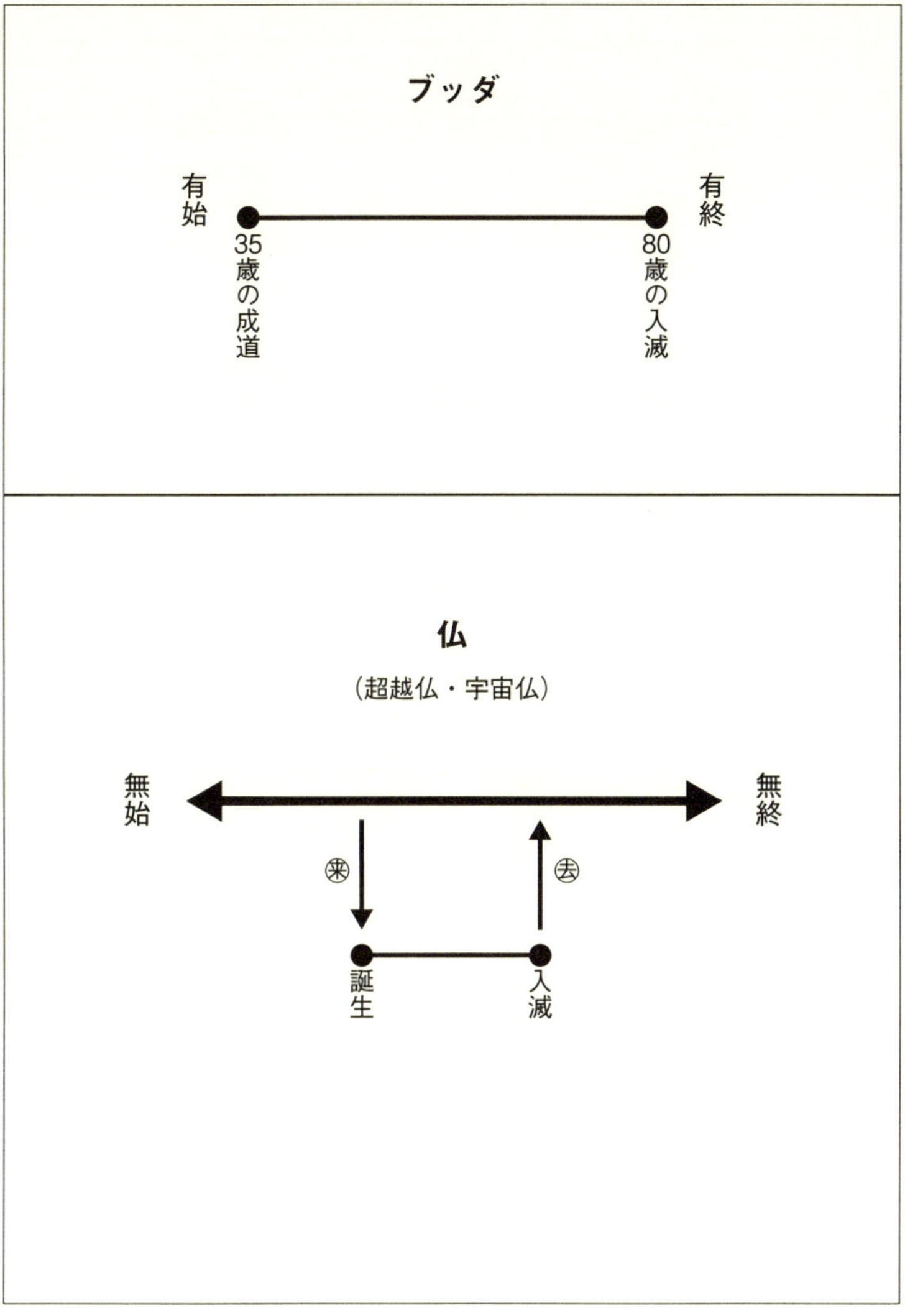
ブッダ
有始
35歳の成道
有終
80歳の入滅
仏
（超越仏・宇宙仏）
無始
無終
来
去
誕生
入滅

かし、読者にくれぐれも注意しておいてほしいのは、阿羅漢学は仏教ではないということだ。仏教の歴史は、あくまでも大乗仏教から始まる。そのことを忘れてはならない。

第1章

釈迦はいかなる存在か？

▼釈迦とイエス

釈迦は宇宙人である。宇宙仏だ。そう考えるのが大乗仏教である。

ただし、宇宙人というのは異星人ではない。宇宙人といえば、最近の人は、スーパーマンやウルトラマンを連想する。スーパーマンはアメリカのコミックのヒーローで、遠い惑星から地球に送られて来た人間で、空を飛び、透視能力を持ち、弾丸をはねかえすことができる。ウルトラマンのほうは、日本の特撮テレビ番組の主人公で、これも遠いウルトラの星から地球に来て、正義のためにさまざまな怪獣と戦う超人である。いずれも遠い星から地球に来た人であって、異星人である。しかし、釈迦は異星人ではない。宇宙人である。この場合、宇宙人というのは、宇宙そのものといった意味だと思ってほしい。

そこで、比較のためにキリスト教のイエスに登場してもらう。

キリスト教といえば、たいていの日本人は、その開祖はイエスだと思っている。しかし、イエスはキリスト教徒ではなかった。彼はユダヤ教徒である。イエスは、ユダヤ教徒として生れ、ユダヤ教徒として宣教し、そして保守的なユダヤ教に反逆した罪の故にユダヤ教徒として処刑されたのである。

そのイエスの処刑後、イエスその人を、

「あの人は、人類の罪を贖《あがな》うがために神が遣わされたキリストである」

と信じた人々がつくった宗教がキリスト教である。〝キリスト〟とは、ヘブライ語の〝マシーアハ〟(そのギリシア語形が〝メシアス〟)のギリシア語訳であって、ユダヤ教においてはイスラエルを救うために神が遣わされた王を意味する。だから、イエスはキリスト教の開祖ではない。彼は徹頭徹尾ユダヤ教徒であったのであり、もしも彼が、自分がキリストに祭り上げられていることを知ったなら、きっと驚愕するに違いない。

したがって、ユダヤ教から見れば、イエスは犯罪者である。ユダヤ教に叛逆した異端分子であり、それがためにイエスは十字架にかけられて死刑になったのだ。

だが、キリスト教徒にとっては、イエスはキリスト(救世主)であり、神の子である。神が、人類の罪を贖うがためにわざわざその実子を遣わされたのである。

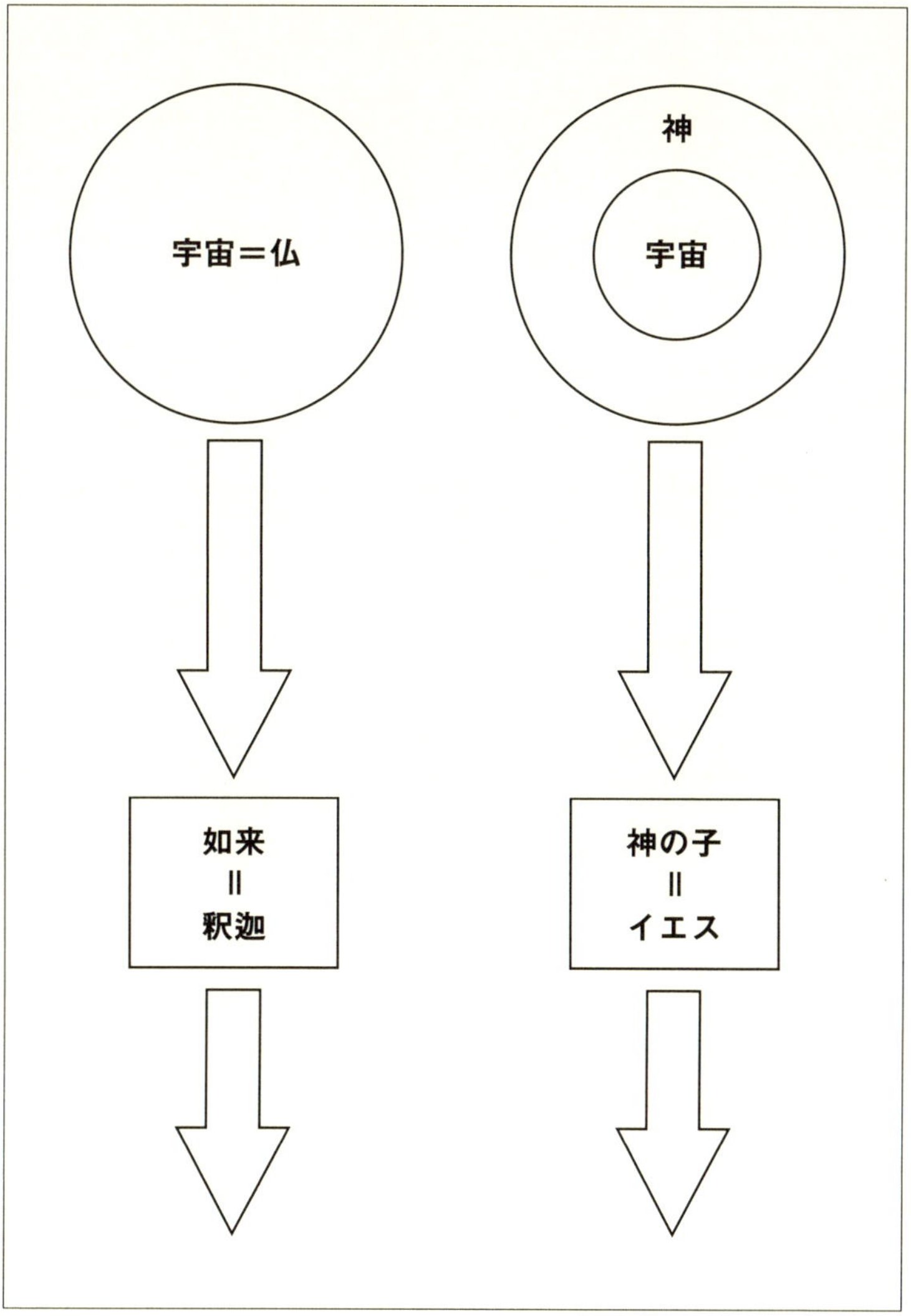
宇宙＝仏
神
宇宙
如来
＝
釈迦
神の子
＝
イエス

大乗仏教の釈迦に対する見方は、キリスト教のイエスに対する見方と同じである。ただし、仏教では宇宙を創造した神をたてない。だから、イエスが「神の子」とされるのに対して、釈迦はあくまで「宇宙から来た人」である。序章で述べたように、宇宙は〝如〟とも呼ばれるから、「宇宙から来た人」は「如来」になる。いずれにしても「神の分身」であり「宇宙の分身」である。

釈迦はそのような存在である。

▼釈迦の誕生と釈迦国

けれども、釈迦が「如来」(宇宙仏の分身)と見られるようになるのは、大乗仏教が興起してからである。それは、イエスが死後に「キリスト」(神の子)と見られるようになったのと同じである。イエスは、生きているあいだはユダヤ教徒であり、人間であった。同様に釈迦も、その生前においては人間であった。それ故、われわれはこの第一章においては、釈迦を人間として扱うことにする。

釈迦は、紀元前六二四年四月八日、ネパール南部タラーイ地方にあるルンビニーに生まれた。ただし、この生年月日に関しては異説が多い。

釈迦の生没年に関しては、だいたい三つの学説がある。

a　紀元前六二四年ごろ—紀元前五四四年ごろ。

ｂ　紀元前五六六年ごろ—紀元前四八六年ごろ。

ｃ　紀元前四六三年ごろ—紀元前三八三年ごろ。

このうち、ａ説はインド人学者が採用する説で、日本人の学者はこれを無視する。ｂ説は、日本人の学者が伝統的に採用していた説であるが、のちに東京大学の宇井伯寿と中村元の二人の学者がｃ説を提唱した。ｂ説とｃ説のどちらがよいか、わたしには判断できない。しかし、本書においてはｂ説に準拠することにする。

また、誕生日を四月八日とするのは、これも日本仏教の伝統である。スリランカやタイ、ミャンマーの南方仏教においては、釈迦の誕生日も成道の日も入滅の日も、すべてヴァイシャーカ月の満月の日としている。まあ、だいたいは四月ごろである。

生まれた子どもはシッダールタと命名された（パーリ語だとシッダッタ）。〝シッダールタ〟は「目的を成就せる者」の意。

また、彼の姓はガウタマ（パーリ語ではゴータマ）。

では、なぜ彼は〝釈迦〟と呼ばれるのか？　彼の生国が釈迦国だからである。それで彼は、

——釈迦牟尼世尊《しゃかむにせそん》あるいは釈迦牟尼仏——

と呼ばれる。釈迦国出身の牟尼（サンスクリット語の〝ムニ〟すなわち聖者）であり、世人から尊崇される人といった意味である。この釈迦牟尼世尊の略称として釈尊という呼び名もある。

さて、シッダールタの父は浄飯王《じょうぼんのう》（シュッドーダナ）といい、釈迦国の王であった。とい

っても、釈迦国そのものが弱小国であり、隣のコーサラ国の属国であった。浄飯王は王と呼ばれているが、実際は輪番制の首長でしかなかった。仏典は、シッダールタが釈迦国の太子として贅沢三昧の生活を送ったかのように記述しているが、たぶん誇張表現であろう。現代的な表現をするなら、大企業に隷属する下請け会社で、数人の共同出資者が順番に社長を勤める仕組みになっていて、たまたまそのとき社長をしている父親のもとに長男として生まれた子、といったところである。だから、釈迦がもし出家をせずに家に残っていても、彼が王になれたかどうか分からない。いささか興醒めな話であるが、そのあたりのところが実情であろう。

なお、彼の生母の摩耶夫人《まやぶにん》（マーヤー）は、彼を出産して七日後に亡くなっている。たぶん産褥熱によるものだとわたしは推理している。

▼釈迦はなぜ出家をしたのか？

シッダールタは二十九歳のときに出家をして沙門《しゃもん》となった。〝沙門〟はサンスクリット語の〝シュラマナ〟の音訳語で、男性の修行者をいう。

シッダールタがなぜ出家をしたのか、その動機はよく分からない。

大乗仏教の立場からすれば、その出家の動機は覚りを開いて仏になるためである。彼は宇宙仏であり、最初の最初から仏である。だから、彼が仏になるのは、ちょうどオタマジャクシが蛙になるようなもの。けれども、釈迦を人間として見るのであれば、ブッダになるために出家したというのはおかしい。もしも出家した彼がブッダになれずに野に朽ち果てたとしたら、彼は野垂れ死にするために出家したことになる。ともかく、離婚するために結婚したというような、そういう動機づけはおかしいと思う。

で、彼の出家の動機は分からない。そう言うよりほかないと思う。

その意味で、わたしは思うのだが、彼が家を出たのは、今日の言葉でいえば「蒸発」であった。辞書（『広辞苑』）には、

《蒸発……②転じて、動機を明らかにしないまま不意にいなくなり、家族と音信を絶ってしまうこと》

とあるが、おそらく釈迦本人には何らかの動機があったはずだが、残された家族にすれば、シッダールタは動機を明らかにしないまま突然いなくなってしまい、音信を絶ってしまったのだ。まさに「蒸発」以外の何ものでもない。

残された家族といえば、父の浄飯王。そして、浄飯王は摩耶夫人を亡くしたあと、その妹のマハープラジャーパティを娶っているので、この継母も残された家族になる。それから、その継母の子のナンダがいる。彼の異母弟である。また、彼には耶輸陀羅《やしゅだら》（ヤショーダラー）という妻がおり、そのあいだに生まれた子の羅睺羅《らごら》（ラーフラ）もいた。彼はこれらの家族を捨てて蒸発してしまったのだ。

その動機については穿鑿《せんさく》しないでおく。

出家した彼は、マガダ国の首都の王舎城《おうしゃじょう》（ラージャグリハ）に姿を見せる。マガダ国は当時、インド第一の大国である。国王の頻婆娑羅《びんばしゃら》（ビンビサーラ）は英邁なる君主であったようだ。

その頻婆娑羅が托鉢に歩く釈迦を見て感動し、還俗してマガダ国に仕官せよとすすめたことが、『スッタニパータ』（第三章第一経）に伝えられている。だが、釈迦は、その破格の条件での勧誘を断わっている。

そのとき、釈迦が頻婆娑羅王に言った言葉を読めば、釈迦がみずからの「蒸発」をいかに考えていたかが少しは窺知《きち》できそうだ。

《王よ、あちらの雪山（ヒマーラヤ）の中腹に、一つの民族がいます。昔からコーサラ国の住民であり、富と勇気を具《そな》えています。

姓に関しては《太陽の裔《すえ》》といい、種族に関しては《サーキヤ族》（釈迦族《しゃかぞく》）といいます。王よ、わたくしはその家から出家したのです。欲望をかなえるためではありません。

諸々の欲望には患《うれ》いのあることを見て、また出離は安穏《あんのん》であると見て、つとめはげむために進みましょう。わたくしの心はこれを楽しんでいるのです。》（中村元訳）

ここではっきりと、彼の蒸発もしくは出家が、

――欲望をかなえるためではない――

ことが示されている。欲望が危険であることを、彼はこの段階で十分に承知していたのである。

欲望というものは世間に属する。世間の人々はさまざまな欲望を持ち、その欲望を充足させようとやっきになっている。だが、人間は、欲望を充足させることによっては幸福になれない。なぜなら、欲望を充足させると、欲望そのものが膨らむからである。年収一千万円欲しいと思っている人が、その一千万円が得られるようになれば、きっと三千万円は欲しくなるように欲望が肥大化していく。課長の次は部長、部長になれば局長と、ポストに対する欲望が大きくなる。ということは、欲望は充足させることができないのである。それが欲望の危険である。

だとすると、われわれは欲望を捨てねばならない。

欲望は世間に属するものであるから、われわれは世間を捨てねばならない。それが、

――出世間――

である。世間を捨て、世間から離れ、世間を出るのである。

その「出世間」が、釈迦の「出家」であった。釈迦は頻婆娑羅王にそう語ったのである。

▼苦行の放棄

頻婆娑羅王の勧誘を断わったあと、釈迦は二人の禅定家を次々に訪ねて、彼らから禅定の技術を学んだ。禅定とは瞑想（メディテーション）である。

二人の禅定家は高度な瞑想法を釈迦に教えたのであるが、瞑想法はたんなるテクニック（技術）である。いくら高度な技術を学んだところで、それによって人格が高尚になるわけではない。ましてや覚りが得られるはずがない。早い話が、泥棒や詐欺師だって、高度な禅定（瞑想法）の技術をマスターできるのだ。そして、それをマスターしたところで、泥棒は泥棒、詐欺師は詐欺師である。

だから釈迦は、二人の禅定家を見限り、離れていった。

そのあと、釈迦は苦行を修する。

苦行というのは、宗教の基本的な修行法である。宗教的な修行をするとすれば、まあ苦行をやる以外にない。だから釈迦は苦行をやった。彼はいろんな苦行をやったが、その最たるものは断食行であった。仲間たちが、

「この男は餓死してしまった」

と思ったほどの、激しい断食行であった。

仲間たちというのは、彼のやっている苦行の凄《すさ》まじさが有名になり、五人の仲間が集まって来て、六人でグループをつくって苦行をしていたのである。

釈迦は死とすれすれまでの苦行をやったが、彼の求めるものはいっこうに得られない。もっとも、自分が何を求めているか、彼は正確には知らなかった。しかし、苦行によって得られたであろう、ほんのちょっとした超能力――たとえば、普通の人には聴こえぬ音が聴こえるとか、見えないものが見えるといった奇跡的な能力――が、〈こんなものは、自分が求めているものではない〉ということだけは分かった。それ故、釈迦は、〈どうすればいいか……〉と、いささか迷っていたようである。

ここで問題は、「修行」である。

われわれは、宗教には修行が必要だと思っているが、本当にそうか？　キリスト教、イスラム教において、一般の信者が修行をするなんて聞いたことがない。ただし、プロは別である。プロというのは専従者である。いかなる宗教団体にも、専従の指導者がいる。それがプロであって、プロになるためには特別の訓練（つまり修行）が必要である。しかし、アマチュアである一般の信者には修行なんて必要はない。

ところが、どうも仏教の場合、一般の信者までが修行をせねばならぬかのように思われている。これは、わたしたちが知らず知らずのうちにそのように思い込まされているのだ。そのように思い込まされるもとをつくったのは、いわゆる小乗仏教、阿羅漢学である。われわれは阿羅漢学に毒されて、仏教者になるには修行せねばならぬとまちがって教え込まれているのだ。わたしはそう思う。そしてこのことは、いずれ阿羅漢学を論じる章においてはっきりさせようと思う。

ともかくも、釈迦は苦行をやっていて、苦行の馬鹿らしさに気づいた。いや、苦行の馬鹿らしさというより、そもそも苦行の不必要に気づいたのである。

そこで釈迦は、五人の仲間に告げた。

「わたしは苦行をやめる。そして中道を歩む」

と。

▼「中道」とは何か？

釈迦がいきなり、

——中道——

なんてことを言いだしたものだから、五人の仲間は戸惑ってしまう。五人にとっては、修行といえば苦行しかないのであるから、苦行の放棄は宗教者をやめることになる。反対せざるを得ない。なおも苦行を続けよ、と、彼らは釈迦に助言した。

けれども、釈迦が言う「中道」は、宗教の修行法ではない。それは、

——人間らしい生き方——

なのだ。人間が欲望に執着すれば、その欲望を充足させるために、あくせく、いらいら、がつがつと生きねばならない。かりにその欲望が悟りを開きたいといった宗教的な意味での

欲望であっても、悟りを開くためにはあくせく、いらいら、がつがつと修行せねばならない。それが苦行である。

しかし、欲望から解放されたとき、人間はゆったりと、のんびりと、おおらかに生きることができる。それが人間らしい生き方である。そして、人間らしく生きていれば、きっと覚りの境地に達することができるであろう。釈迦はそう考えたのであった。

だから、「中道」は、仏教において重要な観念である。釈迦が「中道」を思いつかなかったとしたら、たぶん釈迦は仏になることができなかったであろう。

だが、五人の仲間には、釈迦の考えは理解できない。彼らにとって、釈迦が言う苦行主義と快楽主義のいずれにも片寄らない「中道」なんてものは、所詮は中途半端な道でしかない。五人は釈迦に苦行の放棄を思い止まらせようとするが、それに失敗すると、

「ならば、きみはきみの道を行け。われらはきみと一緒に修行することはできぬ」

と言って去って行った。喧嘩別れになったのだ。

釈迦は独りになって、「中道」を歩んだ。

繰り返して言うが、「中道」は仏教の基本的態度である。釈迦は「中道」を歩むことによって、覚りに到達することができたのである。

ずっとあとになっての話であるが、釈迦の弟子にシュローナ（パーリ語だとソーナ）がいた。良家の子であり、贅沢三昧に育ったが、出家して釈迦の弟子となってからは厳しい修行に打

ち込んだ。だが、いっこうに悟りが開けない。そこで彼は還俗を決意し、釈迦に退団の相談をする。

釈迦は言う。

「シュローナよ、そなたは家にあったとき、琴（ヴィーナ）を弾いたであろう。琴の絃《いと》は緩いといい音が出ない。しかし、あまりにきつく締めすぎてもいい音が出ないばかりか、切れてしまう。いま、そなたは、絃を締めすぎているのだよ。もっとゆったりと修行を続けなさい」

釈迦は弟子に「中道」を歩めと教えられたのである。

『律蔵』（マハーヴァッガ、第五皮革犍度）に出てくるこの話は、古来、

——弾琴《だんきん》の喩え——

と呼ばれている。「中道」というのは、ややもすると仏道修行の一方法に思われそうだが、この例で分かるように、仏道を楽しく歩むことだ。上手になろうと思って琴を弾くのはまちがっている。楽しんで琴を弾けばよい。それと同じく、歯を食い縛って、悟りを求めて修行するのはまちがいだ。楽しく、ゆったりと、のんびりと仏道を歩めばよい。釈迦は弟子のシュローナにそう教えた。そして、やがてシュローナに悟りが得られたと伝えられている。

「中道」とはそういうものだ。

▼降魔成道

釈迦は「中道」を歩むことによって、覚りを開いて仏になることができた。

それは、釈迦の三十五歳のとき。出家して六年後である。場所はブッダガヤー。尼連禅河《にれんぜんが》（ナイランジャナー）の流れるほとりの、一本の菩提樹《ぼだいじゅ》の下においてであった。日本では、この日を十二月八日としている。

仏典は、この菩提樹下における釈迦の覚りを、

――降魔成道《ごうまじょうどう》――

と呼んでいる。漢語の〝道〟は、サンスクリット語の〝ボーディ〟（真理を体得する）の訳語に使われている。〝降魔〟というのは、釈迦は成道の前に天魔から誘惑と脅迫を受け、そして天魔を敗退させたからである。つまり、天魔を降伏させることによって、成道があったのだ。仏教はそのように考えている。

この天魔の誘惑については、頻婆娑羅王が釈迦に還俗をすすめた話を思い出してほしい。人間には欲望がある。そして、その欲望は世間に属する。金銭欲・出世欲・権力を得たいという欲望・名声を得たいという欲望・世間的な意味での幸せを得たいという欲望、すべて欲望は世間的なものだ。真理の世界に到達するためには、世間を捨てねばならない。世間を代表する天魔の誘惑を斥けて、天魔を降伏させたとき、釈迦は真理の彼岸に渡ることができたのである。それ故に「降魔成道」と呼ばれるわけである。

さて、釈迦は三十五歳にして覚りの境地に達して仏になったわけだが、いったい彼は何を悟ったのか？　じつは、「釈迦は何を悟ったか？」と問うこと自体が、釈迦と仏教を誤解させることになるのだ。

というのは、サンスクリット語の〝ブッダ〟という語は、「目覚める」といった意味であり、これは自動詞である。正しくいえば、自動詞〝ブドゥ〟の過去受動分詞。だから、〝ブッダ〟は「目覚めた人」と訳すべき言葉である。

ところが、〝ブッダ〟を「悟った人」と訳せば、これは他動詞であるから、当然に「何を悟ったのか？」ということになる。われわれは日本語でもって仏教を考えるから、そういう誤解が起きてしまうのである。

だから、釈迦は「悟った」のではなく「目覚めた」のだ。

わたしはその点を注意して、これまで、釈迦の「さとり」を〝覚り〟と表記してきた。そして、釈迦の弟子たちの「さとり」は〝悟り〟とした。弟子たちの「さとり」についてはあとで論ずることになるが、彼らの「悟り」もサンスクリット語では〝ブッダ〟と呼ばれるものであるから、もちろん「目覚め」であって「何かを悟った」わけではない。その意味でも区別する必要はないが、同じ「目覚め」であっても釈迦のそれと弟子たちのそれとでは、どこかで大きく違っている。それでいちおう区別して扱うことにする。そのための表記の違いである。

▼初転法輪

釈迦は三十五歳のとき、ブッダガヤーの菩提樹の下で宇宙の真理に目覚めて仏になった。これは、彼が中道を歩んだからだ。中道とは、人間らしい生き方である。欲に狂って、欲望の充足に明け暮れて、あくせく、いらいら、がつがつと生きていたのでは、宇宙の真理に目覚めることはできない。ゆったりと、のんびりと、こだわることなく、人間らしい生き方をしていると、機が熟したときに大宇宙の真理に目覚めることができるのだ。また、苦行というのはゴールを目指して走ることである。そして、走っている人間は、ただゴールだけが念頭にあり、宇宙の真理に目覚めることはない。釈迦はゆったりと中道を歩んでいたからこそ、大宇宙の真理に目覚めることができたのである。

そして、大宇宙の真理に目覚めて、釈迦は仏になった。

仏になった釈迦は、自分が体験することのできた「目覚め」を、大勢の人々に味わせてやりたいと思った。

そこで彼は、当時、大勢の宗教者たちが集まって来るインド最古の宗教都市であるヴァーラーナシーに行き、その郊外の鹿野苑《ろくやおん》（ムリガダーヴァ）において、はからずもかつての修行仲間である五人に会い、彼らを教化した。釈迦のこの最初の教化の活動を、

――初転法輪《しょてんぼうりん》――

という。〝輪〟とはサンスクリット語の〝チャクラ〟で、古代インドで使われた円盤状の

武器である。この武器でもって敵を倒すのだが、釈迦は法（ダルマ。真理の教え）でもって人々を教化した。それで、仏の教化の活動を〝転法輪（法輪を転ず）〟といい、五人に対する教化が最初のものであるので〝初転法輪〟というわけである。

じつをいえば、釈迦は布教活動を始めるにあたって、相当に迷いがあったらしい。というのは、彼は何かを悟ったのではないからだ。何かを悟った、何かを発見したのであれば、その何かを人々に教えればよい。教え方がうまく、相手の理解能力が高ければ、まちがいなく相手を教化できる。しかし、釈迦は真理を悟ったのではなく、真理に目覚めたのだ。で、相手を自分と同様に真理に目覚めさせることができるか？　そう考えたとき、釈迦は、ひょっとしたらそれが不可能であるかもしれないと思い、伝道を躊躇したようである。

それともう一つ。釈迦は人々を教え導いて、人々を自分と同じ目覚めの状態にさせたいと思った。だが、前にも言ったように、釈迦が歩んだ「中道」は修行法ではない。もしもそれが修行の方法であれば、それは技術であって、なんとか工夫をすれば相手に伝授できるであろう。けれども、「中道」は技術ではない。人間らしい生き方にほかならないから、それを他人に伝授できるかどうか。そこのところで釈迦には自信がなかったらしい。

しかし、釈迦は、相当に躊躇したのちに、ようやく布教することに決断した。そして、五比丘《びく》に対する初転法輪となった。〝比丘〟とはサンスクリット語の〝ビクシュ〟の音訳語で、乞食者《こつじき》の意。托鉢によって生きる修行者をいう。

そして五比丘は、釈迦の教導により次々と悟りを得て、

——阿羅漢《あらかん》——

となった。この〝阿羅漢〟という言葉は、すでに序章において解説しておいた（一三ページ参照）。いま論述を進めているこの段階においては、「ブッダ」と「阿羅漢」にそれほど差がないと思っていただいて結構である。両者ともに、真理に目覚めた人である。ただし、真理に目覚めたあとで、その人がどう生きるかが問題である。その生き方において、「仏」と「阿羅漢」が違ってくる。だが、その違いが大きく問題になるのは、釈迦の入滅後だ。ここしばらくのあいだは、〝ブッダ〟と〝阿羅漢〟を同義語として使うことにする。

▼仏教教団の成立と発展

五比丘が阿羅漢となったあと、釈迦は次々と法輪を転ずる。

ヴァーラーナシーの良家の子のヤシャが釈迦の弟子となり、阿羅漢となった。ついで、ヤシャの親友の四人が入門し、彼らも阿羅漢となった。さらに、彼ら五人に触発されて、その友人の五十人が仏教教団に加わり、彼らも阿羅漢となった。最初の五比丘から数えると、釈迦の教導によって六十人が阿羅漢となったのである。

そしてそのあと、集団改宗があって千人という弟子が仏教教団に加わった。その千人は、三迦葉《かしょう》と呼ばれる三人の兄弟が率いる宗教教団（事火外道《じかげどう》と呼ばれ、火を崇拝する宗教教団）に属

する人たちであった。この千人という大人数の集団改宗によって、仏教教団は一気に大教団となり、のちの教団の発展の基礎が確立された。

さらに集団改宗といえば、舎利弗《しゃりほつ》（シャーリプトラ）と目連《もくれん》（マウドガルヤーヤナ）の二人が、二百五十人という弟子を率いて仏教教団に加わった。彼ら二人は、サンジャヤという懐疑論者の弟子であったが、釈迦の教えの魅力に惹かれて転宗した。そのとき、五百人のサンジャヤの弟子たちの半数が、舎利弗、目連に従って集団改宗したのであった。

この二人は、のちに舎利弗は「智慧第一」と呼ばれ、目連は「神通《じんづう》第一」（神通とは超能力のこと）と呼ばれるようになり、釈迦の両腕ともいうべき高弟となった。とくに舎利弗は、釈迦の体調が勝れないとき、釈迦に代わって説法をするほどの秀才であった。この二人の仏教教団に対する貢献は大きい。二人がいなかったなら、仏教教団はひょっとしたら後世に残らなかったかもしれない。

出家した弟子たちばかりではない。そもそも在家信者による財政的援助がなかったなら、いかなる宗教教団も存続できるわけがない。仏教教団にも、多くの在家信者による財政的援助が寄せられた。

まず、マガダ国王の頻婆娑羅が大スポンサーになった。彼は王舎城に竹林精舎《ちくりんしょうじゃ》を建立し、仏教教団に寄進している。精舎とは寺院のこと。この竹林精舎が仏教教団が有する精舎の第一号である。

コーサラ国の首都の舎衛城《しゃえじょう》（シュラーヴァスティー）に建立された祇園《ぎおん》精舎も有名である。これは須達《しゅだつ》長者（スダッタ）が私財を投じて、祇陀《ぎだ》太子（ジェータ）の園林を買い取って建立したものである。

それから、のちには比丘尼《びくに》（女性の出家者）の教団も成立している。そうすると、仏教教団は、

比丘……男性の出家者。
比丘尼……女性の出家者。
優婆塞《うばそく》……男性の在家信者。
優婆夷《うばい》……女性の在家信者。

でもって構成されることになる。仏教教団をサンガ（これを漢訳したのが〝僧伽《そうぎゃ》〟。そしてそれを省略したのが〝僧〟である）というが、比丘・比丘尼・優婆塞・優婆夷を〝サンガの四衆〟と呼んでいる。

▼釈迦は古道・古径を発見した

では、釈迦は何を教えたか……？　われわれは釈迦の思想を考察しよう。

すでに述べたように、釈迦は「何か」を悟ったわけではない。われわれは、釈迦が悟りを開いたといえば、釈迦が宇宙の真理――それを仏教ではダルマといい、〝法〟と訳す――を

発見したかのように思ってしまう。わたしもこれまで、そう思わせるかのような書き方をしてきた。しかし、釈迦の覚りはそのようなものではない。釈迦の覚りはいわば目覚めの状態になったのだ。

そのことを、釈迦自身が次のように述べている。これは、『サンユッタ・ニカーヤ』のうちの「ナガラ（都城）」（一二、六五）と題される一経からの引用である。

《比丘たちよ、たとえば、ここに人ありて、人なき林の中をさまよい、ふと、古人のたどった古道を発見したとするがよい。その人は、その道にしたがい、進みゆいて、古人の住んでいた古城、園林があり、岸もうるわしい蓮池がある古き都城を発見したとするがよい。比丘たちよ、その時、その人は、王または王の大臣に報告していうであろう。『尊きかたよ、申しあげます。わたしは人なき林の中をさまよっている時、ふと、古人のたどった古道を発見いたしました。その道にしたがって、ずっと進みゆいてみると、そこには古人の住んでいた古城がありました。それは、園林もあり、岸もうるわしい蓮池もある古き都城でありました。尊きかたよ、願わくは、かしこに城邑《まち》を築かしめたまえ』と。

比丘たちよ、そこで、王または王の大臣が、そこに城邑をつくらせたところ、やがて、その城邑はさかえ、人あまた集まりきたって、殷盛を極めるにいたったという。比丘たちよ、それとおなじく、わたしは、過去の正覚者たちのたどった古道・古径を発見したので

ある。》（増谷文雄『阿含経典』第一巻）

ここで釈迦は、真理の世界を古城に喩えて、その古城にいたる古道・古径を発見したと言っている。われわれが釈迦に教わって、その古径を歩んで行けば、誰もが古城に到達できるのだ。釈迦が教えたのは、その古道である。

しかし、ここでもちょっとコメントが必要であろう。われわれが古道を歩めば必ず古城に到達できるのであるが、それがいつかが問題である。大乗仏教の考え方だと、われわれが古城に到達できるのは、いわば無限ともいうべき遠い未来である。輪廻転生を繰り返し、古道を少しずつ歩んだ末にようやく古城に達する。ということは、ある意味ではわれわれは古城に達することができない。したがって、古城のことは忘れて、ただ古道を歩んで行けばよいのである。ゆったりと、のんびりと、こだわりなく古道を歩み続ける。その歩む姿が仏である。大乗仏教はそう考える。

ところが、小乗仏教の徒は、すぐにでも古城に到達できると考えた。だから、ゆったり、のんびりを古道を歩むのではなしに、古道をひたすら走りに走って一刻も早く古城に到達しようと考えた。

わたしは、大乗仏教の考え方のほうが釈迦の考えに近いと思う。小乗仏教は釈迦の真意を誤解したのである。

それはさておき、話を元に戻す。では、その古道、古径とは何か？　釈迦は続けて言っている。

《比丘たちよ、では、過去の諸仏のたどってきた古道・古径とはなんであろうか。それはかの八つの聖なる道のことである。すなわち、正見・正思・正語・正業・正命・正精進・正念・正定がそれである。比丘たちよ、これが過去の正覚者たちのたどった古道・古径であって、この道にしたがいゆいて、わたしもまた、老死を知り、老死のよって来るところを知り、老死のよって滅するところを知り、また老死の滅にいたる道を知ったのである。》

（同上）

ここのところに、釈迦の教えのすべてが要約して説かれていると思う。われわれはこの部分を、詳しく検討してみよう。

▼過去の諸仏がたどった「中道」

「比丘たちよ、過去の諸仏がたどってきた古道・古径とは何か？」

釈迦はそう言っている。この「過去の諸仏」とは、釈迦が出現する以前にこの地上に出現したさまざまな仏のことだ。これを文字通りに、そのような過去仏が存在したと受け取ってもよいが、逆に、釈迦が発見した古道の普遍妥当性を言ったものと解釈することもできる。すなわち、釈迦の発見した古道は、過去のあらゆる時代において仏になるための道として通用してきたものである。したがって、今後の未来においても、それは仏になるための古道である。釈迦はそう言っているのだ。だから、われわれはその古道を歩んで行けばよい。そうすると仏という古城に達することができる。いや、古城に達することが大事なのではない。古城に達する道を歩んでいる姿そのものが仏にほかならないのだから、われわれはただ歩み続ければよいのである。

では、その古道とは何か？　釈迦は、それは「八つの聖なる道」だという。具体的には、

1　正見……正しいものの見方。
2　正思……正しい思惟《しい》・思索。
3　正語……正しい言葉。
4　正業……正しい行為・行動。
5　正命……正しい日常生活。
6　正精進……正しい努力。
7　正念……正しい注意力。心の落着き。
8　正定……正しい精神統一。

である。これが「八正道」と呼ばれているものだ。そして、これは「中道」にほかならな

い。

何度も繰り返すことになるが、中道というものは人間らしい生き方をすることだ。その道を歩んで、どこか目的地に到達するのではない。仏という目的地は、譬喩でもって説明すれば、いわば夜空に輝く星のようなものだ。われわれは星に到達することはできないが、星を目指して歩んで行けばよい。その星を目指して歩む姿こそが仏なのである。それが「中道」なのである。

わたしはときどき質問を受ける。「仏教を学んで、何になるのですか？」と。「何になる？」というのはどういう意味かと反問すると、「仏教を勉強して、たとえば金が儲かるとか、病気が治るとか、そういった功徳があるのですか？」と説明してくれる。そこでわたしは言わざるを得ない。

「あなたねえ、仏教を学んでも、金持ちにはなれませんよ。病気は治りませんよ」

「どうしてですか？」

「なぜなら、仏教はわれわれに、どうすれば人間らしい生き方ができるかを教えてくれるものです。金儲けのハウツーを教えるものではありません」

「分かりました。では、人間らしい生き方をするとどうなるのですか？」

もうわたしは説明するのがいやになる。

金儲けのためにあくせく、いらいら、がつがつと働き、そして死んでいく。そんな人生を送るより、のんびり、ゆったりと人間らしく生きたほうがいい。誰だってそう考えるものだとわたしは思っていたが、いまの日本人はそうは考えないようだ。あくせく、いらいら、がつがつと働いて、それで金持ちになれればいいと思っているらしい。そんな人々に釈迦の「中道」の教えは分からぬであろう。

現代日本人は、骨の髄までエコノミック・アニマルであるようだ。エコノミック・アニマルを「経済的動物」なんて訳してはいけない。「金の亡者」か「犬畜生」とでも訳すべきだ。それとも「金畜生《こんちくしょう》」のほうがよさそうだ。

▼「四つの明らめ」

釈迦は、過去の諸仏が歩んだ「中道」を歩んだ。苦行を放棄して、ゆったりと、のんびりと、人間らしい生き方をしたのである。その結果、釈迦は、

「老死を知り、老死のよって来るところを知り、老死のよって滅するところを知り、また老死の滅にいたる道を知った」

と語っている。

じつは、ここで言われているのは、古来、

——四諦《したい》——

と呼ばれている教説である。われわれは次に、「四諦」の教説を学ぶことにしよう。

四諦の〝諦〟は、サンスクリット語だと〝サトヤ〟であって、「真理」を意味する。また、漢語の〝諦〟も「つまびらかにする」「明らかにする」の意で、「真理」となる。しかしながら、現代の日本語で〝諦め〟といえば、

《諦め……あきらめること。思いきること。断念》（『広辞苑』）

となってしまう。「真理」の意味にはならない。

ところが、『岩波・古語辞典』はこの〝あきらめ〟といった語を左のように解説している。

《あきらめ〔明らめ〕……①（心の）曇りを無くさせる。……②明瞭にこまかい所までよく見る。……③（理にしたがって）はっきり認識する。判別する。……④事の筋、事情を明瞭に知らせる。弁明する。……⑤片をつける。処理する。……⑥〔諦め〕断念する。……》

これでみると、〝あきらめ〟は基本的には「明らめ」であって、「理にしたがって認識する」といった意味である。わたしは、四諦の〝諦〟はこの意味だと思う。そこでわれわれは「四諦」を、

——四つの明らめ——

だと解釈することにする。釈迦は中道を歩むことによって、「四つの明らめ」に達したのであり、その「四つの明らめ」を弟子たちに教えたのである。

「四つの明らめ」（四諦）とは、

1　苦諦……われわれの生存は苦であるという明らめ。
2　集諦《じったい》……なぜ生存が苦であるかといえば、それにはさまざまな条件が寄り集まってそうなるものだ、といった明らめ。
3　滅諦……では、どのようにして、またどの程度にまでその苦を軽減させることができるかといった、その目標に対する明らめ。
4　道諦……その目標を達成させる方法についての明らめ。
の四つである。以下に、順次に解説する。

▼思うがままにならないこと

〝四苦八苦〟という言葉がある。「さんざん苦労する」といった意味に使われる。しかし、この語は本来は仏教語であって、人間生存の基本的な四苦と、附随的な四苦を加えて八苦にしたものである。四苦と八苦で十二苦になるわけではない。

基本的な四苦は、
1　生苦……生まれることの苦。
2　老苦……老いることの苦。
3　病苦……病むことの苦。
4　死苦……死ぬことの苦。

である。それに加えて付随的な四苦とは、

5　愛別離苦……愛する者と別離せねばならぬ苦。

6　怨憎会苦《おんぞうえく》……怨み・憎む者に会わねばならぬ苦。

7　求不得苦《ぐふとくく》……求めるものが得られぬ苦。

8　五陰盛苦《ごおんじょうく》……〝五陰〟とは人間の肉体と精神である。そもそも人間の肉体と精神のすべてが苦である。

である。最後の五陰盛苦は、1から7までのすべてをまとめたものだと思えばよい。また、先ほどの引用において、釈迦は「老死を知り、老死のよって来るところを知り」と言っているが、その〝老死〟は、四苦八苦のすべてを「老死」によってまとめたものである。

ところで、ここで〝苦〟といった言葉が誤解を招くようである。この語は、サンスクリット語だと〝ドゥフカ〟、パーリ語では〝ドゥッカ〟であり、本来の意味は「思うがままにならないこと」である。われわれは、老いたくないと思っても老いる。老いは思うがままにならない。金銭にしても権力、ポストにしても、求めるものは思うがままに得られない。ところが、われわれは、思うがままにならないものを思うがままにしたくなる。病気を早く治したいと思っても、思うがままにならない。それなのに早く治したいと思ってしまう。そのとき、病気が苦になる。つまり、思うがままにならないものを思うがままにしようとするから苦になるのだ。そこで中国人は、それを〝苦〟と訳したのだ。これは、わたしは一種の誤訳ではないかと思っている。

まあ、それはともかく、「苦諦」とは、思うがままにならないことを、思うがままにしようとするな、ということを教えたものである。裏返しに言えば、思うがままにならないことは、思うがままにならないことだとしっかり明らめればよい。そうすると苦にならない。

では、なぜわれわれは、思うがままにならないことを、思うがままにしたいと思うのだろうか？　その原因・理由を教えたものが第二の「集諦」である。

で、その原因は欲望である。そもそも何事であれ、物事を思うがままにしたいというのが欲望なのだから、欲望が原因であると言ったところで、何の説明にもなっていない。同じことを別の言葉で言ったにすぎない。

ただ、ここで注意しなければならないのは、その欲望はたった一つではないということだ。さまざまな欲望が寄り集まって、われわれに「思うがままにしたい」という欲望を持たせる。また、そう思わせる環境・条件も原因になっている。たとえば、江戸時代の人間であれば、大金持ちになりたいといった欲望は持たなかったはずだ。どうがんばっても、水呑百姓の子が大金持ちになれるわけがない。現代のように、がんばれば大金持ちになれるといった神話（それは神話でしかない！）があるから、われわれは金持ちになりたいといった欲望を持つのである。そこのところをしっかり明らめよというのが、第二の集諦である。

なお、集諦の〝集〟は、サンスクリット語の〝サムダヤ〟を訳したもので、これは「合体・結合」といった意味。さまざまな要因・条件が寄り集まって苦が惹き起こされることを教えたものだ。このことは、次の第三の「滅諦」を考える上でも重要である。というのは、原因が一つであれば、その一つの原因を除去する（消滅させる）ことによって問題は解決される。けれども、さまざまな原因・条件の集積によって苦が惹き起こされているのであれば、一つの原因の滅によって苦の解決はあり得ないのである。

たとえば、引きこもり、不登校である。わが子が不登校を始めた。「なぜ？」と親はその原因を考える。そして、あれこれと「犯人」捜しをして、学校にいじめっ子がいるからだ。学校の先生が悪いと結論する。そして、子どもを転校させる。しかし、原因は一つでないから、そんな方法によって解決はできないのである。ただし、それによってうまくいく場合もある。そういう成功例があるもので、親はなんとかすれば子どもの不登校をやめさせることができる（つまり、思うがままにできる）と考えてしまうのだ。それで苦になるのだ。

滅諦が教えているのは、原因は一つでないということを明らめよ、ということだ。

それと、もう一つある。たとえば不登校の場合、子どもが学校に行くようになるのが理想の姿なのか、といったことを明らめねばならない。子どもを親の思うがままにしたい（登校させたい）と考えて、子どもに無理強いをしたために、子どもが自殺をしたケースもある。われわれは世間の物差しに従って、「学校に行く子がいい子で、不登校の子は悪い子」と考えて、子どもを親の思うがまま（同時に世間の思うがまま）にしたいと欲望を持つが、親のその欲望を捨てることがまず第一である。そして、親も子どもも、ともに人間らしい生き方ができるようになればいい。それが釈迦の教えなのだ。

そうすると、第四の「道諦」は、その人間らしい生き方を教えたものだということが分かる。そして、そうだとすれば、それは「中道」であり「八正道」にほかならない。われわれはともすれば、思うがままにならないものを思うがままにしたくなる。欲を持つのである。そうすると、その欲望を充足させるために、がんばらねばならなくなる。あくせく、いらいら、がつがつと生きる生き方をせねばならない。それは人間らしい生き方ではない。

われわれは、思うがままにならないことを、思うがままにしようとすることを明らめると、この人生をゆったり、のんびり、人間らしく生きることができるようになる。釈迦はわたしたちに、その人間らしい生き方を明らめよ、と教えた。

そのような釈迦の教えが、四諦（四つの明らめ）なのである。

第2章

阿羅漢学派の成立

▼釈迦の死は「大般涅槃」

釈迦は紀元前四八六年二月十五日、クシナガラにおいて入滅された。享年八十。ただし、この年月日については異説がある。

釈迦の入滅を「涅槃《ねはん》」という。〝涅槃〟とは、サンスクリット語〝ニルヴァーナ〟（その俗語形の〝ニッバーナ〟）の音訳語である。「火が消えた状態」を意味する。

じつは、釈迦は三十五歳のとき、ブッダガヤーの地において、菩提樹下《ぼだいじゅげ》の降魔成道のとき、すでに涅槃に入っていた。そのとき、釈迦の内部にあって燃えていた煩悩の火が消滅したのである。しかし、煩悩の火は消えても、釈迦の内部にある生命の火はまだ燃え続けていた。

それ故、降魔成道のときの涅槃を有余《うよ》涅槃という。〝有余〟とはまだ余りがあるという意味で、完全な涅槃ではない。その余りも燃え尽きて、完全な涅槃に入るのが無余涅槃である。その無余涅槃は、また般《はつ》涅槃とも呼ばれる。〝般〟は「完全な」を意味するサンスクリット語の〝パリ〟を音訳したもの。そして、釈迦の般涅槃は、それに〝大〟の字を冠して大般涅槃という。

すなわち、釈迦は八十歳にして大般涅槃をされたのだ。

釈迦の死――

それをわれわれはどう受け止めるべきか？

じつは、釈迦の死を「大般涅槃」と受け取るのも、一つの解釈である。涅槃に入るということは、輪廻の世界からの解脱を意味する。古代のインド人は輪廻転生を骨の髄まで信じていた。人間はこの世で死ねば、来世は地獄界・餓鬼界・畜生界・人間界・天界のいずれかに再生する。かりに天界に再生できたとしても、そこで再び死んで、そのあとまたどこかの世界に再生する。もちろん、地獄界に再生しても、その次に人間世界に再生する可能性はある。とにもかくにも、われわれは流転輪廻し、再生を続けるのだ。古代のインド人はそう考えた。

しかし、釈迦は涅槃に入ったのだから、再び生まれることはない。涅槃に入った者は輪廻しない。というより、輪廻の世界からの脱却を涅槃というのである。だから、釈迦が「大般涅槃」に入ったということは、釈迦が輪廻の世界から脱却したことを意味する。その脱却を仏教語では〝解脱《げだつ》〟（サンスクリット語だと〝モークシャ〟）という。したがって、釈迦の死を「大般涅槃」と呼ぶことは、それはそれで釈迦の死に対する一つの解釈である。そして、それは小乗仏教の解釈である。

しかし、その解釈だけが唯一絶対ではない。やがて後世になると、それとは違った解釈が出てくる。その新しい解釈は大乗仏教の解釈である。それについては、大乗仏教の興起のときに述べる。ともかくもいまは、釈迦は涅槃に入って、輪廻の世界から解脱した。そのように人々は釈迦の死を受け止めたことだけを報告しておく。

▼独立小教団連合組織

さて、釈迦の死を境にして、仏教教団は大きく変質する。釈迦の在世の時代の教団とはまったく違ったものになったのだ。わたしに言わせれば、とんでもない教団になってしまった。

釈迦の在世の時代、仏教教団は、

――独立小教団連合組織――

であった。釈迦の教導を受けていちおうの悟りを開いた者は、序章でも述べたように阿羅漢と呼ばれた（一三ページ参照）。彼ら阿羅漢たちは、もちろん出家者である。そして彼らは、釈迦とは別個に独立して伝道に従事した。そうすると、釈迦の直弟子である阿羅漢の指導によって、悟りを開いて阿羅漢となる者が出てくる。釈迦からすればいわば孫弟子である。その孫弟子の教導によって、さらに悟りを開いて阿羅漢になる者が出てくる。この孫弟子、曽孫《ひまご》弟子の阿羅漢がどのようにして独立小教団になるか、その詳細は不明だが、ともかく釈迦の教えを受けて阿羅漢になった者たちが独立小教団をつくったことはまちがいない。そして釈迦の在世のころは、仏教教団はそれら独立小教団がそれぞれ別個に伝道活動を進めていた。

つまり、釈迦の在世のころは、仏教教団の本部がインドのどこかにあり、その本部に会長である釈迦がいて、その会長の指令によって仏教教団が動くといった組織体ではなかったのだ。独立小教団がそれぞれ独自に布教を進めていたのである。

だから、Aという独立小教団とBという独立小教団とでは、その教えの内容が大きく違っている。なぜなら釈迦は、Aに対してとBに対してとでは違った教えを説かれたからである。

釈迦の教導の仕方は、古来、

「対機説法」……相手の機根（性質と能力）に応じてそれぞれにふさわしい教えを説く、

「応病与薬」……相手の病気に応じて薬を与えるように、それぞれにふさわしい教えを説き与える、

と呼ばれている。したがって、怠け者には怠け者にふさわしい教えを説かれ、努力家には

その人にふさわしい教えを説かれた。それが釈迦のやり方だ。だから、釈迦の弟子たちは、それぞれが自分にふさわしい教えを釈迦から学んでいる。そして、それぞれが釈迦から教わったことを、また自分の弟子たちに教え伝えたのである。

釈迦の在世のころの仏教教団は、独立した小教団の連合体であった。その連合体の中心に、シンボル的存在としての釈迦がいたわけである。

▼結集への呼び掛け

そうすると、釈迦の死によって、仏教教団はバラバラになる危険がある。扇《おうぎ》の要《かなめ》に釈迦がいたのであるが、その要がなくなれば扇は分解されてしまう。

そのような危機を憂えて、仏教教団を一つの組織体に変更しようとする者が出てきた。すなわち、独立小教団を大同団結させようというのである。

その発起人となったのが摩訶迦葉《まかかしょう》（マハーカーシャパ）である。

当時、摩訶迦葉が率いる独立小教団には五百人の比丘《びく》がいたという。もっとも、この五百人は誇張表現であろう。しかし、彼の独立小教団が他の小教団よりも大きかったことはまちがいない。それだからこそ、彼の発言力は大きかったと思われる。

摩訶迦葉は、他の独立小教団のリーダーたちに、

――結集《けつじゅう》――

の開催を呼びかけた。結集とは聖典編纂会議である。皆で集まって、釈迦世尊がわれわれに何を教えられたかを確認するための会議を開こう、といった呼びかけである。皆でそれを確認しておかないと、あとになって、「釈迦世尊はこのように教えられた」と、釈迦が言われなかったことを釈迦の教えだと主張する者が出てくる虞《おそれ》がある。その虞を取り除いておこう、というのである。

もっともな呼び掛けである。

ある意味では、摩訶迦葉の呼び掛けはもっともであるが、それに対する反対意見がないわけではない。釈迦の教えは「応病与薬」であるのだから、教える相手によって与える薬は違う。それを無理に統合すれば、われわれは下痢止め薬と下剤を同時に服むことになってしまう。そんなことはしてはならないという意見。こちらのほうももっともな意見だ。

で、摩訶迦葉に賛成する阿羅漢たちと、反対する阿羅漢たちと、二つのグループが対立することになった。

そして、結果的には摩訶迦葉が提唱した結集が開かれたのだから、摩訶迦葉のグループが勝ち組である。彼に反対するグループは負け組。仏教教団は政治の団体ではないのだから、勝ち組／負け組の呼び方がおかしいと言うのであれば、摩訶迦葉のグループが主流派で、反対するグループは反主流派になる。

ところで、ここで注意を喚起しておきたいのは、歴史というものはいつも勝ち組・主流派の立場で書かれる、ということだ。負け組・反主流派の意見は、歴史の中では無視されるが、悪くすれば歪められて伝えられるのである。この結果の場合もそうであって、結集に反対した反主流派の人たちは濡れ衣を着せられ、とんでもない悪者にされてしまったのだ。

そのとんでもない悪者にされた代表が、誰であろう、

――提婆達多《だいばだった》（デーヴァダッタ）――

である。彼は、主流派のつくった歴史の中で、釈迦を殺して仏教教団を乗っ取らんとした大罪人にされてしまったのである。それもこれも、提婆達多が摩訶迦葉の呼び掛けに呼応しなかったという、たったそれだけの理由からである。

▼提婆達多はなぜ悪人にされたのか？

すでに述べたように、摩訶迦葉の大同団結への呼び掛けはある意味では正しい。仏教教団が独立小教団に岐《わか》れたままの状態では、その小さな教団が一つ消え、二つ消えて、ついに仏教教団がなくなってしまう。たぶんそれはまちがいない。仏教が二十一世紀の今日の日本に存続しているのは、摩訶迦葉が仏教教団を独立小教団の連合体という組織形態に改めて、一つの統合された大教団にしたからである。その意味で、摩訶迦葉は仏教の恩人である。

けれども、摩訶迦葉の呼び掛けを拒否する人たちの意見も、それはそれで正しいと思う。なぜなら、釈迦はそれぞれの人にそれぞれにふさわしい教えを説かれたのであって、わたし

は、わたしが釈迦から学んだことだけを大事に守っていく。釈迦が他の人に何を教えられたか、わたしには関心がない。他の人はまた、その人が釈迦から教わったことを守り続ければいいのだ。そういう主張も正しいのである。

だが、そういう主張は、大同団結を呼び掛ける者にとってはいちばん困る。そういう主張をされると、大同団結ができなくなる。

もっとも、そういう主張をする者がいても、その人があまり影響力を持たない場合は、

「そうですか、それじゃああなたは自分の信じる道を行きなさい」

ですますことができる。仏典には、そういう阿羅漢のいたことが伝えられている。たとえばガヴァーンパティである。『摩訶僧祇律』(32)は、摩訶迦葉からの結集への呼び掛けを聞いて、

「釈迦世尊は涅槃に入られたのですか⁈　ならばわたしもまた涅槃に入りましょう」

と言いおいて焼身自殺をしたことを報告している。ガヴァーンパティはたった一人で（あるいは二、三人の弟子とともに）山林に起居している人物であって、彼が参加を拒んでも大勢には影響がない。だから摩訶迦葉は、そのことを問題にしなかったのだと思う。

ところが、提婆達多の場合はそうではない。

じつは、提婆達多は、「南伝大蔵経」（パーリ語の文献）によると、釈迦の妃の弟とされる。ただし、ここでいう釈迦の妃は、羅睺羅《らごら》（ラーフラ）を産んだヤショーダラーではない。出

家前の釈迦には数人の妃がいて、提婆達多はその別の妃の弟（ひょっとしたら兄）とされるのである。つまり、釈迦の義兄弟になる。また漢訳仏典のほうは、提婆達多を阿難《あなん》（アーナンダ）の弟（あるいは兄）としている。阿難は釈迦の侍者をつとめた人間であるが、彼は釈迦のいとこである。したがって、提婆達多も釈迦のいとこにあたる。

いずれにしても、提婆達多は釈迦と縁戚関係にある人物だ。

その人物が結集に参加しないとなると、大問題である。結集の権威が疑われてしまう。ましてや提婆達多の率いる独立小教団が大きなグループであったようだから、摩訶迦葉にすれば困ってしまう。

それで、摩訶迦葉は、提婆達多を大悪人にしてしまったのだ。提婆達多は釈迦世尊を殺して仏教教団を乗っ取らんとしたほどの大罪人だから、われわれは彼を結集に参加させなかったのである。そのようなデッチアゲをしたのであった。なにせ歴史は主流派になった勝者が勝者の立場で書くものだから、そういうデッチアゲが現在にいたるも通用しているのである。

わたしは、提婆達多はまじめな仏教者であったと思う。提婆達多のほうが、釈迦の精神をよく汲んでいたと思っている。わたしは大悪人にされた提婆達多が気の毒でならない。

▼千年以上も存続した提婆達多の教団

なぜわたしが、提婆達多をまじめな仏教者と思うか？　まず『法華経』が、提婆達多を絶讃している。

『法華経』の「提婆達多品《だいばだったほん》」において、釈迦は自分の過去世を語っている。釈迦は、過去世において国王であったが、王位を捨てて出家者となり、ある聖仙について修行した。そしてその聖仙のおかげで、自分が大乗仏教の修行を完成させることができた。じつにその聖仙こそ、わが恩人である。そして、その聖仙こそ前世における提婆達多にほかならない。そのように語っている。

《「僧たちよ、『あのとき王者であったのは別人である』と考えるか。決してそのように考えてはならぬ。それは何故かと言えば、余があのとき王者であったからである。また、僧たちよ、あのとき聖仙であったのは別人であろうか。決してそのように考えてはならぬ。このデーヴァダッタこそ、そのときの聖仙であった。僧たちよ、デーヴァダッタは余の善き友人であるのだ。デーヴァダッタのお陰で余は六波羅蜜を完成したのであり、……（中略）……偉大な神通力も、十方における人間を救う力も、このすべてデーヴァダッタのお陰なのである。」》（岩本裕訳）

もちろん、『法華経』は大乗経典であり、釈迦の入滅後五百年ほどして書かれたものだ。読者は、そんなものが証拠になるわけがないと思われるかもしれないが、それは違う。じつは、『法華経』がつくられた西北インドの地方において、その時代に、提婆達多の教団が残っていたのである。『法華経』を信奉するグループと、この提婆達多の教団とが親交があり、それでこのような話になったのだと推定される。

提婆達多の教団の存在を報告している文献はほかにもある。中国からインドに旅行した二人の旅行家が書いた旅行記である。

その一人は、五世紀の初頭にインドを旅行した東晋の僧の法顕《ほっけん》（三三九？―四二〇？）。彼はそのときの旅行記である『仏国記』の「憍薩羅国（コーサラ国）」の条で、

《調達《ちょうだつ》ニモ、亦《また》、衆ノ在ル有リ。常ニ過去三仏ヲ供養シ、唯、釈迦文仏ヲ供養セズ。》

と報告している。〝調達〟とは提婆達多であり、〝釈迦文仏〟とは釈迦牟尼《むに》仏、すなわち釈迦である。

もう一人は玄奘《げんじょう》（六〇〇―六六四）である。彼もその旅行記である『大唐西域記』の「羯羅拏蘇伐剌那国（カルナスヴァルナ。現在のビハール州南部の州境地帯）」（巻十）の条で、次のように報告している。

《羯羅拏蘇伐剌那国は……（中略）……気候は温和に、風俗は純良である。学芸を愛好し、

邪教・正法ともに信仰している。伽藍は十余ヵ所、僧徒は二千余人おり、小乗の正量部の教えを学習している。天祠は五十余ヵ所、異道の人々が非常に多い。別に三伽藍があり、乳酪を口にせず、提婆達多《デーヴァダッタ》の遺訓を遵奉している。》（水谷真成訳による）

これでお分かりのように、七世紀にいたるまで、提婆達多を開祖とする独立教団がインドに存在していたのである。明らかにこの教団は、釈迦の在世の当時に存在していた独立小教団の後裔である。提婆達多を指導者とする独立小教団が、摩訶迦葉の大同団結への呼び掛けに参加せず、独立小教団のまま残り、運営されて七世紀まで存続した。この提婆達多の教団がいつ消滅したか、史料がないので不明である。しかし、ともかく提婆達多の教団は千年以上にわたってインドの地に存続していたことは確実である。

読者はどう思われるか？　主流派が伝える大悪人＝提婆達多というのであれば、その教団が千年以上も存続することはないだろう。だとすれば、「叛逆者＝提婆達多」の像こそ、主流派がつくったデッチアゲである。わたしはそう思う。

歴史は常に勝利者・主流派の立場で書かれている。その歴史文献をそのまま信じてはいけない。ときに疑ってかかることも必要だ。そうでないと、主流派にとって都合のよい歴史を信じ込まされることになる。この場合の主流派というのは、小乗仏教の徒である。いま残っている資料・史料のほとんどが、小乗仏教の徒が自分たちに都合のよいように事実を歪めて書いたものだということを、わたしたちは忘れてはならないのである。

▼釈迦の精神を踏み躙った結集

話を進めよう。

とにもかくにも、摩訶迦葉の呼び掛けによって、結集が開催された。釈迦が入滅されたその年に、マガダ国の首都の王舎城（ラージャグリハ）郊外の七葉窟に、五百人の阿羅漢が参集したという。それでこの結集を五百結集、七葉窟結集という。結集はこのあとも行なわれているので、これを第一結集とする。

しかしながら、五百人の阿羅漢というのも、たぶん誇張表現であろう。

結集の議長は摩訶迦葉。これは当然のことだ。

まず最初に、釈迦の教えを確認することが行なわれた。主任になったのは阿難。彼は釈迦の侍者を二十五年にわたって勤めているから、釈迦の説法を数多く聴聞している。阿難が、

「如是《によぜ》我聞《がもん》（わたしはこのように聞いた）」

と報告し、その報告が人々のその記憶と齟齬《そご》していないことが確かめられると、全員でそれを唱えて一つの経が確立する。その結果、八万四千の経が成立したという。この八万四千も明らかに誇張表現である。

なお、〝結集〟の原語のサンスクリット語は〝サンギーティ〟であるが、これは「ともに

歌う」の意。全員で確認された経を合唱したことからサンギーティと呼ばれたのである。経の編纂が終わったあと、優波離《うぱり》（ウパーリ）を主任として律の編纂が行なわれた。律というのは、集団生活を営む僧たちの生活規則である。したがって、律は在家信者には適用されない。

ところで、この律の編纂が始められる直前になって、阿難が言った。

「釈迦世尊は、世尊の入滅後は、教団は細かな律を廃止せよと遺誡しておられます」

このことは、『マハーパリニッバーナ・スッタンタ』に出てくる。この経典は、釈迦の入滅前後の出来事を書き記したものだ。釈迦はクシナガラで入滅されるとき、侍者の阿難にこのように指示しておられる。

《「阿難よ。わたしの入滅後は、教団は、もし望むならば、細かな律の条項は廃止してよろしい」》（六・3）

律というものは、誰か比丘・比丘尼が過ちを犯すたびに、釈迦が「このようなことはしてはならない」と制定されたものだ。それを随犯制定《ずいほんせいてい》という。しかし、それは、過ちを犯したその人に対しての制定であって、別の人に対してであれば、釈迦はきっと別の指示を与えられたに違いない。下痢の人には下痢止めの薬を与えるが、便秘の人には下剤を与える。それが律である。そのような律をまとめるようなことをしてはならない。それが釈迦の考えであり、それを阿難は言ったのだ。

したがって、これはまさに摩訶迦葉がやっている結集そのものの意義を否定するものである。釈迦の考えからすれば、結集なんてやってはいけないのだ！

摩訶迦葉はあわてた。そこで彼は、阿難が釈迦世尊に、律のどの条項を廃止すべきかを確認しておかなかったことを理由に、結局は釈迦が制定された細かな律を全部残したのである。その結果、律は二百五十の条項になった（比丘尼に対しては三百四十八条）。

これは、釈迦の指示をまったく無視したやり方だ。

でも、阿難は、「律のどの条項を廃止すべきですか？」と指示を仰いでいない。それは阿難のミスだ。と、摩訶迦葉は阿難に責任を転嫁しているが、釈迦の死後になってまさか摩訶迦葉が結集をやるなんて思いもしないことだから、阿難がそんなことを釈迦に訊くわけがない。また、釈迦にしても、各自がそれぞれに釈迦から学んだことを守っていけばよいと思っておられたから、その点に関しての指示の与えようがない。つまり、釈迦は、各自がそれぞれ自分でこの律は不要、この条項だけを自分は守る、と判断すればよいと思っておられたのである。

ということは、摩訶迦葉がやった王舎城結集は、釈迦の精神を踏み躙《にじ》った、とんでもない試みであったことになる。

だが、そのとんでもない試みが遂行されたのである。その結果、釈迦が教えた「仏教」が変質し、とんでもないものになってしまった。すなわち、釈迦が教えた「仏教」は消滅し、おかしなものになってしまった。そのおかしなもの・とんでもないものを、これまでは小乗仏教と呼んできたが、わたしに言わせればそれを〝小乗仏教〟と「仏教」の名で呼ぶことすら烏滸《おこ》がましい。わたしはそれを〝阿羅漢学派〟と呼ぶことにする。

▼出家者のための教団

言わねばならないことがもう一つある。

王舎城結集は五百結集ともいう。〝五百〟は誇張表現であろうが、五百人の参加を得て開催された。ところが、その五百人はいずれも阿羅漢であった。

ということは、そこに一人の在家信者も参加していないのである。これもまた、とんでもないことだ。

釈迦の教導を受けた者は、出家者である比丘・比丘尼だけではない。在家信者である優婆《うば》塞《そく》（男性）・優婆夷《うばい》（女性）もまた釈迦の教えを聴聞し、釈迦によって救われた人たちである。その在家信者が一人も参加しないで行なわれた結集は、真に釈迦の教えをまとめたものと言えるだろうか。わたしはそうは思わない。

出家者と在家信者の関係を、かりに大学生と一般社会人に譬えてみよう。釈迦は大学教授である。したがって、大学教授である釈迦は、大学生（出家者）を相手に講義をする。だが、この大学教授は、カルチャーセンターや公開された講演会で一般社会人（在家信者）を相手に話をする。ところが、その大学教授の没後、その人の著作集をまとめるとき、ただ大学での講義録のみを採用し、彼が生前に刊行した啓蒙書や雑誌への寄稿を無視したとすれば、その著作集は果たしてその大学教授の思想をよく伝えているかどうか。摩訶迦葉がやった結集は、ただ大学での講義録のみをもって釈迦の全思想だとしたようなものだ。

そもそも出家者というものは、前にも述べたように（三一ページ参照）、宗教団体の専従の指導者である。つまりプロである。いかなる宗教団体にも専従の指導者（プロ）が必要であるが、プロだけがいればいいわけではない。アマチュアである在家信者が必要だ。いや、むしろ釈迦は在家信者（アマチュア）のために「仏教」を教えられた。そして、自分一人では在家信者の教導が手薄になるので、プロ（出家者）を養成して手伝わせられたのだ。そのように見ることもできる。

ところが、釈迦の入滅後、プロが教団を自分たちのためだけのものにしてしまった。すなわち、五百人の阿羅漢がそれぞれ弟子をとって、その弟子を指導し薫陶する。その弟子のうちの優秀な者が阿羅漢となり、彼もまた弟子をとって次の後継者を養成する。摩訶迦葉の結集によって、教団はそのような形態の学派になってしまった。したがって、そこで教えられるのは、阿羅漢になるための技術であり、修行法である。禅定の技術だとか、瞑想法、呼吸法、等々、そんなものはアマチュアである在家信者には不要である。ところが、阿羅漢学派においては、それが大事だと教えられる。まさに阿羅漢学派は、プロのための教団になってしまったのだ。

別の譬喩で説明する。わたしは、出家者を釈迦を病院長とする病院の入院患者、在家信者は通院患者に喩えることができると思う。そして、病院長である釈迦が入滅されたとき、入院患者たちが病院を乗っ取って、自分たちのものにしてしまった。大勢の通院患者は切り捨てられてしまったのだ。それが阿羅漢学派である。

そこで病院を乗っ取った阿羅漢たちは、ただひたすら病理学の研究にうつつを抜かす。そして、その研究成果を弟子に教え、師から病理学を学んだ弟子のうちの優秀な者が後継者の阿羅漢になる。要するに阿羅漢学派は、病理学研究所になったわけだ。

ともあれ、阿羅漢学派とは、そんなとんでもない教団なのである。それは、

——出家者の、出家者による、出家者のための教団——

というべきものである。そこでは在家信者はまったく無視されている。

▼摩訶迦葉は仏教の恩人

わたしはあまりにも激しく摩訶迦葉を攻撃している。ちょっと心苦しいが、でもそれをやっておかないと、われわれの大乗仏教の成立基盤が脆弱になってしまう。いわゆる小乗仏教

は完膚なきまでにやっつけておかねばならない。

しかし、同時にわたしは、摩訶迦葉にお礼を言いたい。

なぜなら、もしも彼が結集をやっていないと、仏教はインドの地でとっくの昔に消滅していたであろう。摩訶迦葉が結集によって独立小教団連合組織といった形態の教団を、阿羅漢学派という一つの教団にまとめてくれたおかげで、仏教が今日にまで存続できたのである。わたしはそう考える。だから、摩訶迦葉は仏教にとっての恩人なのである。

もしも釈迦の滅後においても仏教教団が独立小教団連合組織の形態のままであったならば、その独立小教団が一つ消え、二つ消え、最後にはなくなってしまっただろう。そのことは、比較的大きな独立小教団であった——あるいは最大の独立小教団であったかもしれない——と推定される提婆達多の教団が、七世紀の文献を最後にいかなる文献にもその存続が記されていないことによっても分かる。つまり、提婆達多の教団も、七世紀のあとにはインドの地から消滅しているのだ。だとすると、摩訶迦葉がいなければ、仏教はこの地球上から消滅したかもしれないのである。それを、今日のわれわれにまで仏教が伝わっているのは、摩訶迦葉のおかげである。われわれは摩訶迦葉に感謝せねばならない。

もちろん、かといって摩訶迦葉のやったことが是認されるわけではない。それはそれ、これはこれ、なのだ。

つまり、歴史とは皮肉なものである。一人の愚行が必ずしも悲劇をもたらすわけではない。

愚行が歴史の流れをいい方向に変えることもある。摩訶迦葉のそれが、その例である。われわれは次に、摩訶迦葉によって歪められた阿羅漢学派が、どのようにして大乗仏教の興起につながるのか、その歴史の流れを考察することにしよう。

第3章

阿羅漢学派のサンガ

▼阿羅漢学派は出家者のための教団

釈迦が入滅したとたん、教団は大きく変質してしまった。

生前の釈迦は、大勢の人々に人間らしい生き方を教えられた。人間らしい生き方とは、思うがままにならないことを思うがままにしようとする欲望を捨てて、少欲知足の生き方をすることだ。老・病・死は思うがままにならないこと。それ故、いつまでも若くいたい、健康でありたい、長生きしたいなどといった欲望は、思うがままにならない欲望である。愛する者との別離や怨み憎む者に会わねばならぬ苦しみも、求めるものが得られぬ苦しみも、すべては思うがままにならないこと。その思うがままにならないことを、もしもわれわれが思うがままにしようとしなければ、われわれは苦しまずに生きられる。いや、苦しまずに生きられるのではなく、苦しみを苦しみのままに受け容れるのである。そうすると、苦しみの中に安楽が見つかる。そのような生き方を、釈迦は人々に教えられた。

ところが、釈迦の滅後、釈迦が創設された仏教教団を乗っ取った（ちょっときつい表現だが、実際にそうであったのだから、こう表現するよりほかない）阿羅漢たちは、仏教教団を「仏教」とは呼べないおかしな代物《しろもの》に改変してしまった。われわれはその改変された教団を、

――阿羅漢学派――

と呼ぶことにする。その教団においては、構成員は全員が出家者である。出家者のうち、悟りを開いて阿羅漢の位に達した者が、自分の弟子たちを教導して、彼らに悟りを開かせて阿羅漢にする。教団はまさに阿羅漢の養成機関となった。

したがって、この阿羅漢学派で教えられることは、

――阿羅漢になるための修行法――

である。それが、「阿含経」において説かれている「三十七道品《どうぼん》」（あるいは「菩提分法《ぼだいぶんぼう》」ともいう）である。三十七道品とは、四念処《ねんじょ》・四正勤《しょうごん》・四神足《じんそく》・五根《こん》・五力《りき》・七覚支《かくし》・八正道をまとめたもの。わたしはこのような修行法は阿羅漢学派にだけ必要なものであって、本来の仏教には関係のないものだと思っている。それ故、いちいち解説しないでおく。プロのゴルファーは高度なテクニックを身につけなければならない。だが、アマチュアには、そんな

テクニックは不必要だ。もっとも日本人の場合、アマチュアのくせにゴルフの練習なんかしている。どうやらみんながセミプロ（半プロ）意識でいるようだ。おかしな日本人である。それはともかく、三十七道品なんて真の仏教には不必要なものだ。

かくて、釈迦の入滅直後に、釈迦が教えた仏教はなくなり、奇妙奇天烈な阿羅漢学派が出現した。そこでは、出家者たちが阿羅漢になることを目指して猛烈に修行する。阿羅漢学とは、要するにその「修行法」である。いわばプロの集団である。

注意しておいてほしいのは、このプロの集団である阿羅漢学派では、アマチュアである在家信者はその構成員ではないのである。在家信者の仕事は、ただたんにプロに生活費を寄付することだけである。支援者であり、スポンサーである。阿羅漢学派は、あくまでも出家者のための教団であった。

▼サンガの運営規則

この阿羅漢学派の教団（サンガ）の運営規則は左の七か条である。

1　サンガの修行僧たちはしばしば会議を開き、会議に多くの僧が参集するならば、サンガは繁栄し、衰亡はないであろう。

2　サンガの僧たちが協同して行動し、協同してサンガのなすべきことを行なっているあいだは、サンガは繁栄し、サンガの衰亡はないであろう。

3　サンガの修行僧たちが、これからずっとのちの世までも、いまだ定められていないことは定めず、すでに制定されたことを破らず、律を保って実践するならば、サンガは繁栄し、衰亡することはないであろう。

4　サンガの修行僧が、長老・先師・導師を尊び、敬愛し、その言うことをよく聞くならば、サンガは繁栄し、衰亡することはないであろう。

5　サンガの修行僧が欲望を抱き、愛執を起こしても、それに負けないように努力するならば、サンガは繁栄を続け、衰亡することはないであろう。

6　サンガの修行僧が人里離れた林間に住むことを好み、国王大臣に近づくことがないならば、サンガは繁栄を続け、衰亡することはないであろう。

7　サンガの修行僧たちが、一人一人が修行に専念し、それを見てすぐれた仲間が新たにやって来て、またやって来た仲間が安心してサンガにとどまるようであれば、サンガの繁栄は期待され、サンガの衰亡はないであろう。

この七か条は『マハーパリニッバーナ・スッタンタ』（第一章）に出てくる。それによると、釈迦が入滅されるその年に、王舎城（ラージャグリハ）に滞在中、大勢の比丘たちを集めて、自身の入滅後のサンガの運営に関してこのような訓示を与えられたことになっている。だが、それは違うと思う。なぜなら、晩年の釈迦は引退しておられたからである。それに教団の組織形態は、すでに述べたように独立小教団の連合体になっていた。だから、教団の運営に関して釈迦が口出しされることはあるはずがないのである。

したがって、この七か条は、たぶん王舎城結集のときに決められたサンガの運営規則であろう。それを釈迦が制定されたかのように粉飾し、権威づけたのである。

それが証拠に、たとえば第三条である。ここで、釈迦によって制定された律は全部残し、新たな律は加えないことが言われているが、釈迦その人は、自分の滅後は細かな律は廃止せよと言っておられる。七か条が釈迦の訓示だとすれば、まったくの矛盾である。つまり、この七か条は阿羅漢学派の教団（サンガ）が自分たちで勝手に制定したものである。

▼サンガに帰依する必要はない

さて、この阿羅漢学派の教団（サンガ）は、もう一ついかがわしいことをやってのけている。
読者は「三帰依文」をご存じであろう。パーリ語で、
《ブッダン・サラナン・ガッチャーミ（帰依仏）
ダンマン・サラナン・ガッチャーミ（帰依法）
サンガン・サラナン・ガッチャーミ（帰依僧）》
と唱えるもので、仏・法・僧の三宝に帰依を表明するものである。
わたしは長いあいだ、これに対して疑いを持たなかった。ところが仏教学者の中村元の指

摘によって、この「三帰依」が阿羅漢学派のデッチアゲであることが分かった。

時計の針を逆に進めて、釈迦の菩提樹下の降魔成道に戻る。釈迦は成道後、約四週間を禅定に過ごした。その第四週目、『律蔵』（マハーヴァッガIの1）によると、トラプサ（パーリ語だとタプッサ）とバッリカ（パーリ語も同じ）という二人の商人が、ラージャーヤタナ樹の下で禅定している釈迦を見て、その釈迦に麦菓子と蜜団子を献じた。そして、二人は、

「世尊よ、われらは世尊と教えとに帰依いたします」


と、帰依を表明した。明らかに二帰依である。

だが、それは、そのときはまだサンガが成立していなかったからだ。そういう理由づけがなされる。ところが、中村元は次のように指摘するのである。

《「尊師と法とに帰依し奉る」ということも、そのとき二人の商人が実際にそう言ったかどうか解らないが、これも古い思想を伝えている。普通学者は、このときにはまだサンガが成立していなかったから、三宝に帰依するとは言わなかったのだと解釈する。しかし『スッタニパータ』のような古い仏典によると、サンガが成立したあとでも、古い時代に「サンガに帰依する」ということは言わないで、ただ「仏」と「法」とに帰依することを表明している。三宝に対する帰依を表明するようになったのは、少しく後の時期になってからのことであ

る》(中村元選集/第11巻『ゴータマ・ブッダ』春秋社、一九六九年)
この指摘はまったく正しい。中村元は、「三帰依になるのは少しく後の時期になってから」と言っているが、これは「阿羅漢学派の成立以後」である。つまり、阿羅漢学派が、自分たちのサンガを釈迦(ブッダ)とその教え(ダンマ。サンスクリット語だとダルマ)と同格にして、俺たちのサンガにも帰依せよと人々に強要するようになったのだ。いやらしいったら、ありゃしない。

いいですか。ちょっと卑近すぎる例になるが、たとえば福沢諭吉(一八三四—一九〇一)の崇拝者がいる。その人は、福沢諭吉の思想(教え)を信奉しているのだ。だが、その人に、「おまえは慶應義塾をも崇拝しろ! そうしないと福沢諭吉の本物の崇拝者にはなれんぞ」と言えばどうなるか? サンガへの帰依の要求は、それと同じである。

われわれは、仏と法だけに帰依するだけでよい。僧(サンガ)になんか帰依する必要はない。いつも言い過ぎてしまうわたしであるが、そう言いたくなるよね。

▼律に対する見解の相違

無理に統一したものは必ず分裂する。阿羅漢学派のサンガも無理して大同団結したものだから、やはりのちには分裂することになる。

その分裂の原因は、まず律に関してである。

律に関しては、王舎城結集のとき、
「サンガは、未制を制せず、所制を壊《やぶ》らず、制に随《したが》って律を持して住せん」
といった原則を立てた。それによって釈迦が制定された律を全部集めると、比丘に対しては二百五十戒、比丘尼に対しては三百四十八戒になった。これは『四分律《しぶんりつ》』という文献が伝える数である。のちに述べるが、サンガは律に関する見解の相違から分裂したもので、分裂後は部派ごとに違った律がつくられ伝持された。『四分律』は法蔵部という部派の律である。上座部《じょうざぶ》の律である『パーリ律』だと、比丘は二百二十七戒、比丘尼は三百十一戒である。

なお、日本では〝戒律〟といった言葉があるが、じつは「戒」と「律」とは違ったものである。「戒」というのはそれを守ろうとする自発的な精神をいい、たとえそれが守れなかったとしてもペナルティー（罰）が科せられるわけではない。しかし、集団生活を営む出家者の場合、戒を破ると他の者が迷惑を受けるので、破戒に対するペナルティーが必要になる。そのペナルティーが「律」である。したがって、「律」は罰則規定であり、出家者だけに適用される。

しかし、ペナルティーといっても、それほど重いものではない。最も重い罰は、婬戒（いっさいのセックスを禁ずる）・盗戒・殺戒（人を殺した場合）・妄語戒《もうご》（ただし大妄語。すなわち、悟っていない者が自分は悟ったと嘘をついたとき）の四つを犯した者に対する罪で、これは教団追放罪になる。その次は一定期間の僧尼としての権利の剝奪で、その期間をまじめに謹慎生活を送れば権利が回復される。その他のものは、他の比丘や比丘尼に懺悔すれば赦される罪だ。あるいは、自分がちょっと心の中で懺悔すればよい罪もある。だから、『四分律』や『パーリ律』を読んでいて、どうしてこんな細々とした条項まで残したのか分からなくなる。釈迦が言われたように、こんな律は廃止しておけばよかったのだ。それを廃止しなかったから、案の定、律に対する見解の相違からサンガが分裂することになってしまった。

▼第二結集の開催

事件は仏滅後百年のころに起きた。正確な年代は分からない。

場所はヴァイシャーリー。

カウシャンビーからやって来た一人の比丘（名前をヤシャという）が、この地の比丘たちが律を歪めて運営していることを知った。違反する条項は十か条である。それでこれを「十事」と呼んだ。

「十事」とは、次の十か条である。

1　塩浄《えんじょう》。

2　二指浄。

3　聚落間《じゅらくげん》浄。

4　住処浄。

5　随意浄。
6　久住《くじゅう》浄。
7　生和合《しょうわごう》浄。
8　水浄。
9　不益縷尼師檀《ふやくろうにしだん》浄。
10　金銀浄。

だが、いったいこれが何を問題としているのか、よく分からないのである。「浄《じょう》」というのは「罪にならない」という意味。律の条項には、このようにすれば違反にならないといった「浄法」が定められている。おそらくヴァイシャーリーの比丘たちは、自分たちで勝手に新しい浄法をつくっていたのであろう。それをカウシャンビーから来た比丘が、違反だとして摘発した。

たとえば、最初の「塩浄」である。出家者には食物の貯蔵は許されない。托鉢によって得た食物は、その日の午前中に食べねばならない。だが、塩は貯えてよいのではないか。そう考えたヴァイシャーリーの比丘たちは、新たに塩に関する浄法（違反にならないやり方）を定めた。それが「塩浄」であるようだ。

最後の「金銀浄」も、釈迦の入滅のころはあまり貨幣経済も発達していなかった。だが、時代の進展とともに貨幣経済が発達する。とくにヴァイシャーリーは商業都市であるから、西方の諸国（カウシャンビーは西方の国だ）よりも早くに貨幣経済の影響を受ける。それで、金銭に関する新たな浄法をつくったようである。

ついでに言っておくと、この阿羅漢学派の系統に属する現在の南方仏教においても、僧尼は金銭を所持することはできない。しかし僧らは、キャッシュカードを携帯し、カードで支払うのである。こういうのが「浄法」である。

十事のうちの「塩浄」と「金銀浄」は、ある程度の想像はつく。しかし、残りの八つはよく分からない。まあ、西方のカウシャンビーから来た比丘のヤシャは、ヴァイシャーリーの比丘たちのやっている十事を非法として摘発した。だが、ヴァイシャーリーの人々はその勧告を無視する。

そこで、ヤシャは西方の長老たちに応援を求めた。彼の要請に応えて、西方の諸国から大勢の阿羅漢たちがヴァイシャーリーにやって来る。それにヴァイシャーリーの地の阿羅漢たちを加えて、合計して七百人の阿羅漢が集まり、結集が開催された。仏滅後百年にして、第二回目の結集が開かれることになったのだ。そこでこれを「第二結集」という。また、「ヴァイシャーリー結集」「七百結集」ともいう。

▼サンガの罅《ひび》割れ

第二結集は、東西のグループがそれぞれ四人ずつの代表を出し、八人の代表に審議を委ねるかたちで行なわれた。

その結果、「十事」はすべて「非法」と判定された。審議した代表の八人がいずれも長老であったから、どうしても保守的な結論になったと思われる。

ところが、その決定に承服できない比丘が大勢いた。とくにヴァイシャーリーにおいては、その決定に不服な比丘のほうが多数を占めていたようだ。

そこで、多数派の比丘たちが別に集会を開き、彼らは「大衆部《だいじゅぶ》」を名乗った。

これに対して、長老たちを中心とする保守派のグループを「上座部《じょうざぶ》」と呼ぶ。サンガにあっては、出家後の年数（法歳）の多い者が上座《かみざ》に坐る。したがって「上座部」とは上座に坐る者のグループの意味であり、「長老派」なのである。

ここにおいて、阿羅漢学派のサンガは二つに分裂してしまった。上座部と大衆部の二つである。

この分裂を、歴史家は「根本分裂」と呼んでいる。だが、それは、サンガを真っ二つに割ってしまうといったものではなかった。サンガの中に二つの大きなグループが出来たと考えたほうがよい。

いささか卑近な例になるが、現在の日本のプロ野球において、指名打者を認めるパシフィック・リーグと、認めないセントラル・リーグがある。そして、その二つのリーグが交流戦を行なっている。上座部と大衆部もそのようなものであって、十事を非法とするか十事を認めるかの違いはあっても、その他の面では喧嘩岐れをしているわけではない。仲良く付き合っていけるのである。

わたしは、これまでの歴史家が上座部と大衆部の分裂を「根本分裂」と呼んでいるのは、いささか誤解を招く表現だと思う。わたしに言わせれば、それは、

——罅割《ひびわ》れ——

でしかない。仏滅後百年の時点においては、阿羅漢学派のサンガにちょっとした罅割れが生じた。そして、その罅割れが徐々に大きくなり、そのあと百年ほどして（したがって仏滅後二百年のころに）、サンガは完全に分裂する。わたしはそう考えている。

そして、そのサンガの完全な分裂は、阿羅漢といった存在をどのようなものと見るか、その意見の対立から生じたのである。

▼大天の「五事」

マハーデーヴァという名の阿羅漢がいた。漢訳仏典は〝大天《だいてん》〟の名で呼んでいる。仏滅後二百年のころの話である。

大天は大衆部に属する阿羅漢である。それ故、彼の主張はいわゆる進歩的である。

大天の主張は「大天の五事」と呼ばれる、五つの事柄である。『異部宗輪論』や『大毘婆

沙論』が伝えている。

1 余に誘《いざな》わる。
2 無知あり。
3 猶予あり。
4 他を入らしむ。
5 道は声に因りて起こる。

順に解説する。

ある夜、大天は夢精をした。弟子が師の衣を洗っていてそれに気づく。それで、「いっさいの煩悩を断じ尽くした聖者であるはずの阿羅漢に、夢精のごとき不浄があるのはどうしてか？」と尋ねた。それに対して、

「天魔に誘われたときは、阿羅漢といえども不浄を漏失することがある」

と答えた。これが第一の「余に誘わる」である。

第二の「無知あり」は、大天の弟子が阿羅漢の境地に達したとき、師の大天がそのことを弟子に告げた。ところが、弟子にはその自覚がない。なぜ、阿羅漢は、自分が阿羅漢になったことを自覚できないのか？　といった問いに、大天が答えたのがこれである。つまり、知らない場合もあるというのだ。

第三は第二と同じで、自分が阿羅漢になったことを自覚できるまでに時間的猶予があると

いうのだ。

第四も同じ。他人から指摘されて分かる場合もあるというのだ。

したがって、第二、第三、第四は、阿羅漢が阿羅漢になったことを、どのように自覚するかの問題である。

最後の「道は声に因りて起こる」は、阿羅漢と「苦」の問題である。ある夜、大天は思わず、

「ああ、苦しい」

と叫んだ。その叫びを耳にした弟子が、当然の疑問を起こして師に尋《き》く。悟りを開いた阿羅漢に、どうして苦しみがあるのですか、と。それに対する大天の答えはこうであった。

「真実、苦しいと叫ぶところから、聖道が生ずるのだ」

で、読者は、これをどう思われるか？　夢精をするような阿羅漢は阿羅漢ではない、とするか。あるいは、夢精ぐらいしたっていいではないか、と思われるか。阿羅漢たる者、いっさいの苦悩を断じているべきで、「ああ、苦しい」と弱音を吐くような者は阿羅漢ではない、とするか。「ああ、苦しい」と叫びつつ、一歩一歩、苦悩の断滅への道を歩んで行くのが阿羅漢だ、とするか。つまり、大天の主張に賛成か、反対か？

わたし自身は、大天の主張に賛成である。しかし、それは、わたしが大乗仏教の立場に立っているからであって、阿羅漢学派の立場では大天の主張は認められない。阿羅漢学派にお

いては、阿羅漢たる者は完全な聖者であるべきであって、夢精をするごとき阿羅漢は認められないのである。「ああ、苦しい」と叫ぶような者は阿羅漢ではない！　そう斬って捨てるのが阿羅漢学派の教学である。

だから、阿羅漢学派からすれば、大天といった阿羅漢が出て来たことは、とんでもない阿羅漢が出現したことになる。

▼サンガの分裂

ところが、じつは大天に賛成する者がいたのである。

もちろん、大多数の者は大天に反対である。

また、大天の「五事」に賛成する者のあいだでも、だいぶ意見の相異があったらしい。しかし、この点に関してはほとんど資料が残っていない。残っている文献には、大天に賛成する者に三つのグループのあったことが伝えられている。それで勝手な憶測をすれば、

1　阿羅漢といった存在に、それほど重きを置かなくていいといった意見、

2　阿羅漢は理想の境地であるが、阿羅漢になったのちもわれわれは研鑽を積まねばならぬという意見、

3　阿羅漢を高い段階の阿羅漢と低い段階の阿羅漢に分けようという意見、

といったものが考えられる。繰り返しておくが、これはわたしの当て推量である。ひょっ

とすれば、まったく違った意見であったかもしれない。

まあ、ともかく、大方は大天に反対で、大天の「五事」は多数意見によって「非」とされた。

そこで、大天に賛成する三つのグループの人々が、主流派である大衆部から飛び出して、独自のサンガをつくった。飛び出たグループは、

――一説部《いっせつぶ》・説出世間部《せつしゅっせけんぶ》・鶏胤部《けいいんぶ》――

である。この三つの部派が成立することによって、残った主流派の人々が自動的に大衆部という部派になった。

そうすると、こんどは、上座部の人々が自動的に上座部といった部派になるのである。それまでは上座部・大衆部といっても、阿羅漢学派のサンガの中でのグループ的存在であったものが、一説部・説出世間部・鶏胤部という部派が飛び出て別々のサンガをつくったがために、五つの部派になってしまったのである(九一ページ図参照)。

これが、真の意味でのサンガの「分裂」である。この「分裂」の起きたのが、釈迦入滅後二百年のころであった。

そして、ひとたび分裂が起きると、分裂はさらに分裂を呼ぶことになる。最初の分裂が起きる前は、少々の意見の対立は双方の努力でもって決定的な分裂にならないように妥協することができる。だが、一度分裂してしまうと、こんどは小さな意見の差でもすぐに分裂につ

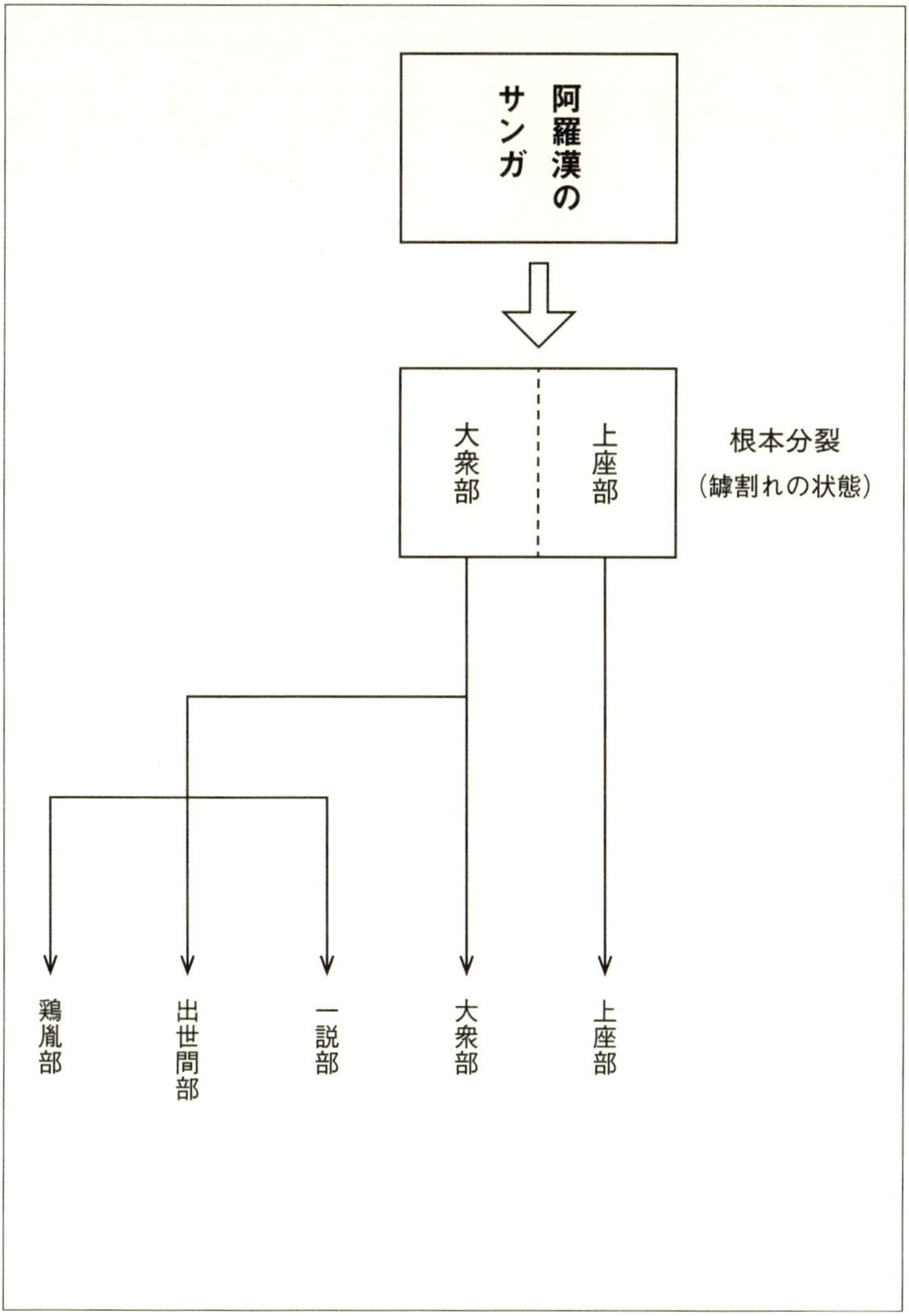
阿羅漢のサンガ
大衆部
上座部
根本分裂
（罅割れの状態）
鶏胤部
出世間部
一説部
大衆部
上座部

ながってしまう。その結果、上座部にも大衆部にも次々と分裂が起きた。細かな説明は省いて、その分裂の様子を図示（九三〜九四ページ参照）することにする。

▼阿毘達磨の研究

以上のようにして、大同団結によってつくられた阿羅漢学派のサンガは細かく分裂してしまった。大衆部系の九部と、上座部系の十一部を合わせて、全部で二十の部派が成立したのである。ただし、この二十の部派は、現存している文献にその名前の出てくるものであって、実際にはもっと数多くの部派が存在していたのではないかと推測される。

考えてみれば、これは皮肉な現象である。釈迦の在世のころは、仏教教団は独立小教団連合組織という形態であった。歴史の展開は、教団のあり方を結局はその最初の姿に戻したことになる。ただし、在家信者の不在ということだけは、阿羅漢学派のサンガは釈迦在世のころの教団の姿と大きく違っている。じつは、仏教史家たちは、このように多数の部派に分裂した時代を、

――部派仏教の時代――

と呼んでいる。が、われわれは、阿羅漢学派を「仏教」とは認めない。それはあくまでも阿羅漢のための学派でしかない。だから、〝部派仏教〟という呼称は採用しないでおく。

それから、阿羅漢学派が多くの部派に分裂した時代（それは仏滅後二百年、すなわち紀元前三

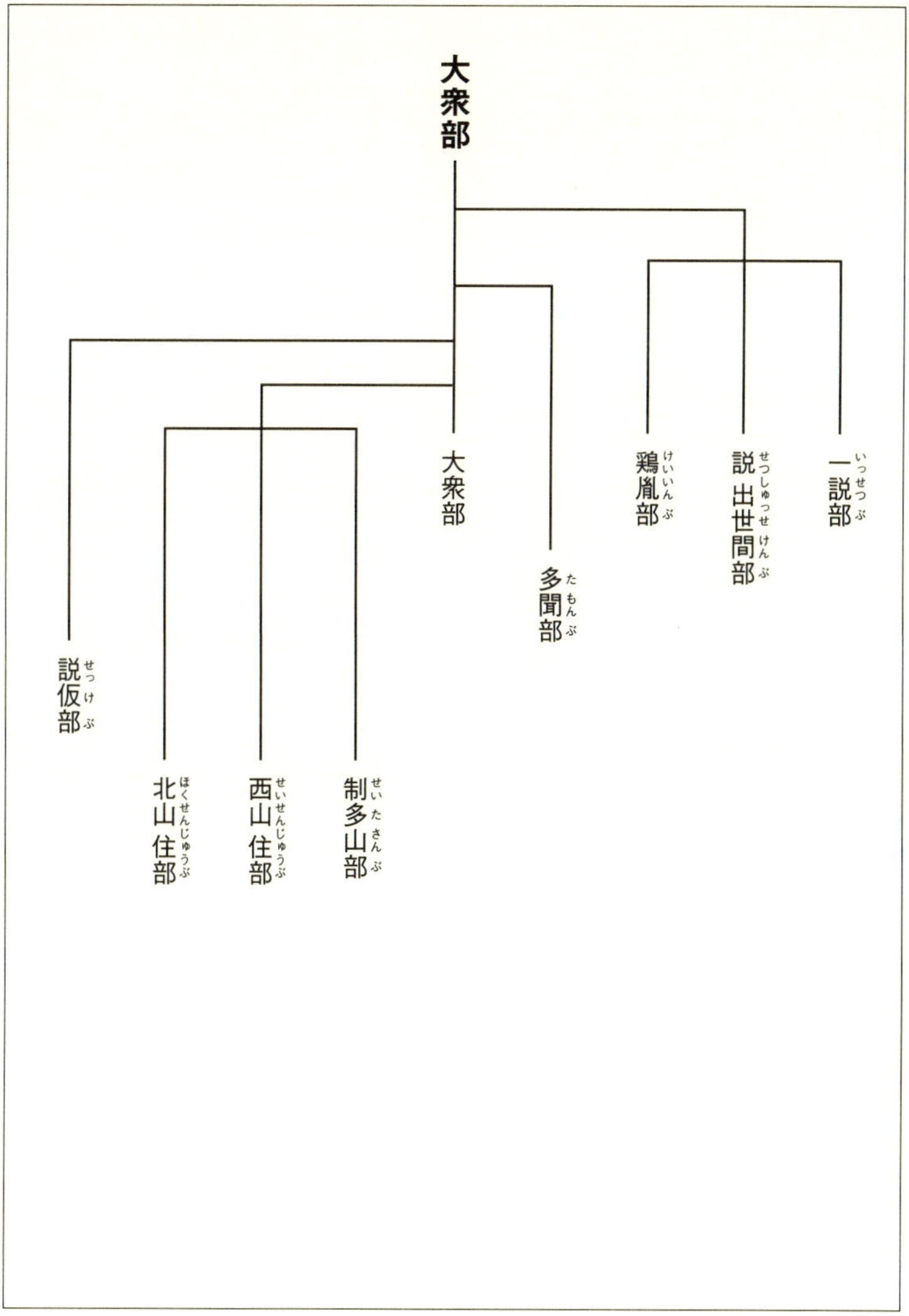
大衆部
一説部《いっせつぶ》
説出世間部《せつしゅっせけんぶ》
鶏胤部《けいいんぶ》
多聞部《たもんぶ》
大衆部
説仮部《せっけぶ》
北山住部《ほくせんじゅうぶ》
西山住部《せいせんじゅうぶ》
制多山部《せいたさんぶ》

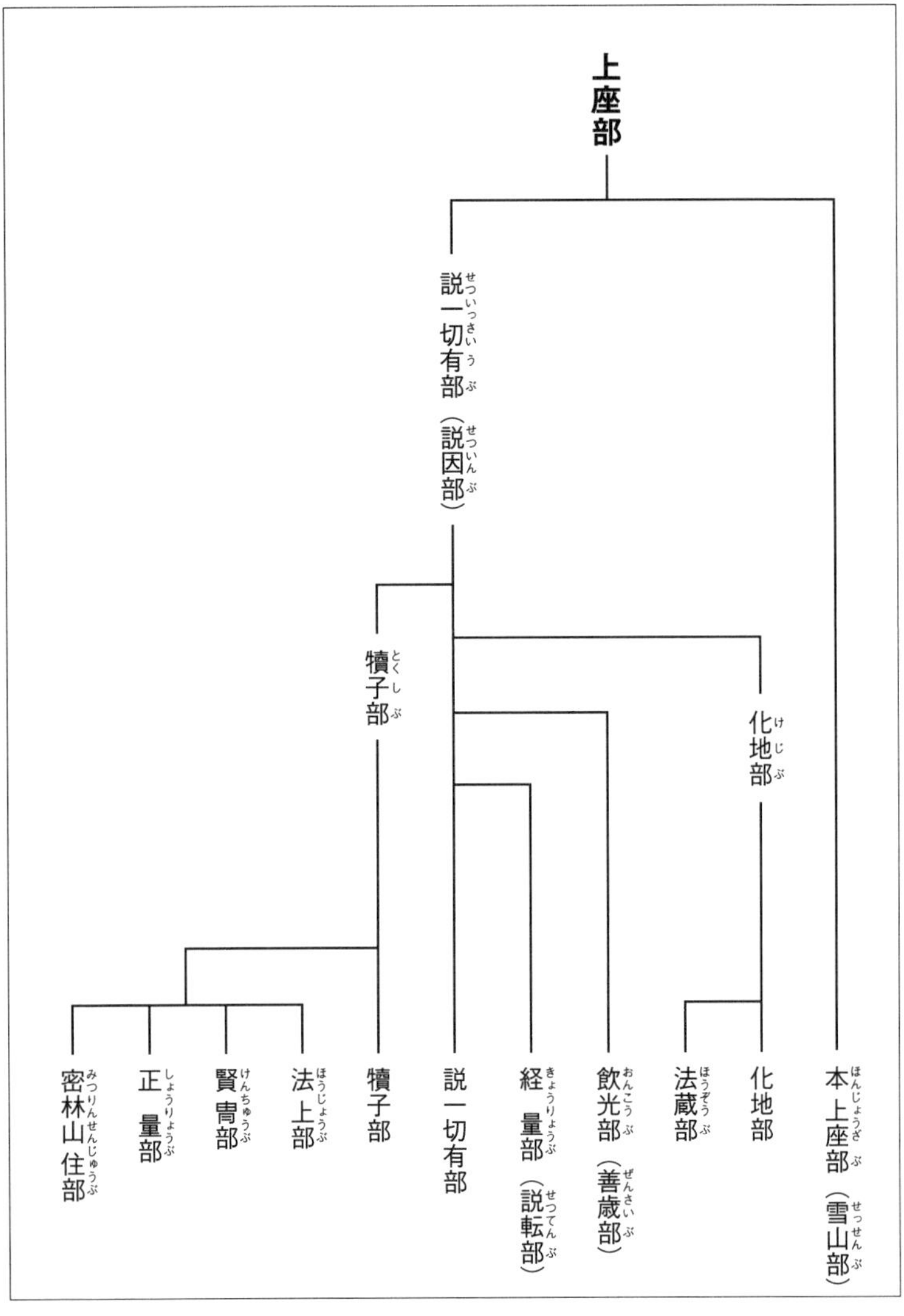
上座部
説一切有部《せついっさいうぶ》（説因部《せついんぶ》）
犢子部《とくしぶ》
化地部《けじぶ》
本上座部《ほんじょうざぶ》（雪山部《せっせんぶ》）
化地部
法蔵部《ほうぞうぶ》
飲光部《おんこうぶ》（善歳部《ぜんさいぶ》）
経量部《きょうりょうぶ》（説転部《せってんぶ》）
説一切有部
犢子部
法上部《ほうじょうぶ》
賢冑部《けんちゅうぶ》
正量部《しょうりょうぶ》
密林山住部《みつりんせんじゅうぶ》

世紀のころであるが）、阿羅漢学派のサンガは財政的に豊かになった。なぜ豊かになったかといえば、アショーカ王が教団に寄進をしたからである。アショーカ王については次章で述べる。

教団が財政的に豊かになると、比丘たちが定住するようになる。釈迦の在世のころの比丘たちは遊行の生活をした。旅行が困難になる雨季の三か月間を除いては、比丘たちは精舎（僧院）に定住することはなかった。釈迦その人だって、クシナガラの地で入滅されるまで、旅を続けておられた。ところが、阿羅漢学派のサンガが分裂を始めたころから、比丘たちは僧院に定住するようになった。いや、これは逆かもしれない。比丘たちが僧院に定住するようになったから、教団が分裂したのであろう。遊行の生活をしていれば、意見の違う者がいても、別の土地に行けばいいだけのこと。わざわざ別の教団をつくる必要はないのだから。比丘たちが定住を始めたからこそ、大天のような阿羅漢が出てくるのだ。大天は自分の下着を弟子に洗わせていた。これは、釈迦の教団では考えられないことである。

このように、比丘たちがそれぞれの僧院に定住するようになると、彼らの関心が瑣末な教理解釈に向けられるようになった。この教理解釈の文献を、

――阿毘達磨《あびだつま》（アビダルマ）――

という。〝ダルマ〟は「教法」であり、〝アビ〟は「対する」といった意味。したがって、〝アビダルマ〟は、「教法に対する研究・注釈」の意であって、〝対法〟とも訳される。ただ

し、彼らがもっぱら研究したのは、釈迦の教えではなく阿羅漢になるためのテクニックであった。そして、まじめな修行者よりも、学問研究に頭角をあらわした僧がエリートとされる。かくて、阿羅漢学派のサンガは、宗教団体というよりは阿毘達磨研究の大学のようなものに変じたわけだ。

繰り返して言っておくが、こんなものは「仏教」ではない。「仏教」というものは、わたしたちに人間らしい生き方を教えてくれるものでなければならない。

われわれに人間らしい生き方を教えてくれるもの。それが大乗仏教である。その大乗仏教の誕生を、次章で考察する。

第4章

揺籃期の大乗仏教

▼アショーカ王の登場

ここでアショーカ王が登場する。

アショーカ王はマウリヤ朝第三代の王。在位の期間は紀元前二六八年ころ―前二三二年ころとされるが、これには異説がある。

マウリヤ朝は古代インドの最初の統一帝国である。マガダ国から出たチャンドラグプタがナンダ朝を覆してマウリヤ朝を創始した。彼は、当時、北西インドを支配していたギリシア人の軍事勢力を一掃し、ほぼインド全域にわたる大帝国を建設した。そして、第三代のアショーカ王が、南東インドのカリンガ国（現在のオリッサ州）を平定し、マウリヤ朝の版図は最大になった。

アショーカ王は強力な軍事力を背景に、強大な国家権力を維持した。彼は行政機構を整備し、道路網も整備し、灌漑《かんがい》事業等も行なっている。このアショーカ王のもとで、マウリヤ朝は最盛期を迎えたのである。

そして、われわれにとって大事なことは、アショーカ王が仏教に帰依したことだ。

いや、われわれは阿羅漢学派を仏教とは認めていない。したがって、われわれからすれば、アショーカ王は阿羅漢学派に帰依したことになるが、しかし、一般の歴史書では、彼は仏教に帰依したと書かれているから、このあたりの歴史を書くときには、阿羅漢学派をも仏教として扱うことにする。

では、なぜアショーカ王は仏教に帰依したのか？　たぶん彼の身分が低かったためだと思われる。

インドには、厳格なる身分制度の四姓制度がある。これは後世にはカースト制度と呼ばれるものであるが、カースト制度は身分による差別のほかに職業による差別が加わったものだ。古代の四姓制度は身分の差別であって、厳密にいえばカースト制度とは違う。しかし、ここでは四姓制度とカースト制度を同じものにしておく。

そもそもマウリヤ朝の王家のカーストが低い。とりわけアショーカ王のカーストは低かった。というのは、アショーカの母のカーストが、その父のカーストと違っていたからである。

カーストの違う父母のあいだに生まれた者は、チャンダーラと呼ばれるカースト外の賤民になる。それ故、アショーカはチャンダーラであったらしい。

さて、インドの伝統宗教は婆羅門教《ばらもん》であるが、婆羅門教はカースト制度（四姓制度）の上に構築された宗教である。だから、アショーカ王が婆羅門教に帰依すれば、彼は徹底的に差別される。ところが、仏教はカーストの差別を認めない。釈迦は、その教団においてはいっさいの身分差別を廃止した。それが故に、アショーカは婆羅門教ではなく仏教に帰依したのである。わたしはそのように推測している。

▼八万四千のストゥーパの建立

仏教に帰依したアショーカ王は、仏教教団（阿羅漢学派の教団）に財政的援助を与えた。前章の最後に述べたように、教団に土地を寄進して僧院を建立したのである。そのために比丘たちが遊行の生活をやめて僧院に定住するようになった。

また、アショーカ王は、政務のあいだを縫って、仏蹟巡拝をしている。

釈迦の成道の地であるブッダガヤーに参詣した。そのとき王は、釈迦が覚りを開かれた場所に金剛宝座《こんごうほうざ》を寄進している。

釈迦の生誕の聖地であるルンビニーにも、また釈迦国の首都のカピラヴァスツにも彼は巡拝した。

と同時に、彼は民衆にも聖地巡拝をすすめている。民衆が巡礼の旅をしやすいように、道路を整備し、街路に植樹をし、数多くの休憩所を設けている。

いや、アショーカ王の業績のうち、どうしても語り落とすことのできない最大のものは、

――八万四千のストゥーパの建立――

である。まあ、この〝八万四千〟は、例によって例のごとく誇張表現である。実数は百分の一か千分の一であろう。だが、アショーカ王はインドの各地に多数のストゥーパを建立したのである。そのことはまちがいのない事実である。

ストゥーパというのは仏塔であり、釈迦の遺骨である仏舎利《しゃり》を納めた塔である。

釈迦が八十歳でクシナガラの地において入滅されたとき、そのご遺体は荼毘《だび》に付され、あとに仏舎利が残った。そしてその仏舎利は八等分され、八か国に仏舎利を納めた塔が建立された。アショーカ王はその八つの仏塔を開いて仏舎利をとり出し、それを細分してインドの各地に多数のストゥーパを建立したのである。じつをいえば、アショーカ王が開いたストゥーパは七つであった。一つのストゥーパ（ラーマグラーマのストゥーパ）だけは、龍がそれを守っていて、王にそれを開かせなかったと伝えられている。

それはともかくとして、アショーカ王はインドの各地に多数のストゥーパを建立した。しかし、ただストゥーパを建立しただけでは十分ではない。建立されたストゥーパを誰が維持・管理するか？　その維持・管理のための費用はどうするのか？　そのために、アショー

カ王は、建立したストゥーパに荘園を寄進している。その荘園から上納される年貢によって、ストゥーパは維持・管理されるのである。

ところで、マウリヤ王朝は、アショーカ王の没後、急速にその勢力を失い、前一八〇年のころ、同王朝の将軍のプシャミトラによって滅ぼされている。歴史家は、マウリヤ王朝のこの滅亡の原因の一つに、アショーカ王のストゥーパに対する荘園寄進を挙げている。荘園寄進によって、マウリヤ王朝の経済的基盤はそれだけ弱まったというのだ。ということは、裏を返せば、荘園の寄進を受けたストゥーパは、それだけ経済的基盤をしっかりさせたことになる。

そして、この経済的裏付けを持ったストゥーパから、新しい仏教が誕生してくるのだ。

▼聖遺物崇拝としてのストゥーパ

新しい仏教の誕生。もちろん、その新しい仏教は大乗仏教である。

だが、その大乗仏教の形成については、残念なことにほとんど資料がない。現在残っている資料は、阿羅漢学派の人たちがつくったものだ。彼らは阿毘達磨教学の研究に勤しんでいて、歴史には関心がない。ましてや民衆の動き――大乗仏教は民衆による宗教運動によって形成された――に論述するようなことはしなかった。だから、大乗仏教の興起の様子については、われわれは推測・推理でもって書くよりほかない。以下のこの章は、これまでの学者の研究を参考にしながら、わたしがみずからの推理によって、大乗仏教はこのようにしてつくられたという歴史の展開を描いたものである。

ところで、ご存じのように、真珠貝に微細な核を挿入すると、やがてその核を包んで美しい真珠が形成される。大乗仏教という真珠は、真珠貝の中に挿入された小さな核から始まった。わたしはそう推理する。そして、その小さな核とは、アショーカ王が建立した八万四千のストゥーパである。しかし、この〝八万四千〟は「多数」といった意味である。〝多数のストゥーパ〟と表記してもよいのだが、インド人の誇張表現に便乗して、〝八万四千のストゥーパ〟にしておく。

アショーカ王が建立した八万四千のストゥーパに、すぐさま民衆は巡礼するようになった。ストゥーパへの巡礼は、宗教学でいう、

——聖遺物崇拝（cult of relics）——

である。古今東西を通じて、聖人・賢人・殉教者の遺物を崇拝し、そこから福祉と功徳を求める信仰の例は多数ある。アショーカ王によって建立された八万四千のストゥーパは、インドの民衆にその聖遺物崇拝の恰好の場を提供したことになる。

民衆はストゥーパに詣でて祈願し、さまざまな功徳を求めた。彼らが求める功徳とは、「身体健全・家内安全・商売繁昌」といったものであって、今日の日本の民衆が神社・仏閣に詣でて祈願するものと同じである。

ところで、おもしろいことに、ストゥーパに参詣する民衆は、いったい釈迦とはどういう人なのか、何も知らないのである。二百年以上も昔に、インドのガンジス河の中流域で活動した偉い宗教家である。その程度の知識しか持たない。まあ、聖遺物崇拝であれば、それでいいのである。その聖者がいかなる人物であろうと構いはしない。なにせご利益さえいただければいいのである。だから、現在の日本においても、大泥棒の墓や博徒の墓に詣でる人が多いのである。

ストゥーパ崇拝は、そのような聖遺物崇拝として始まった。

そのうちに、ストゥーパ崇拝が少しずつ変質してくる。

信仰の対象が、仏舎利という聖遺物から、「釈迦」という宗教的人格に変わっていくのである。

それには、ストゥーパの維持・管理をする人々が関与している。アショーカ王はそれぞれのストゥーパに荘園を寄進した。その荘園からの年貢によって、ストゥーパは維持・管理される。それればかりか、ストゥーパに参詣する人々がストゥーパに金銭等を寄進する。今日に残っているストゥーパには、それぞれ寄進者の個人名を刻した物品が数多くあるが、その寄進者のほとんどが商工業者であることが知られている。ストゥーパは財政的に潤沢であった。

そこで、ストゥーパの維持・管理者は、参詣人に「釈迦」に関するさまざまな話を聞かせるようになる。その場合の「釈迦」は、阿羅漢学派が伝えている人間としての釈迦であってはならない。ストゥーパへの参詣は聖遺物崇拝として始められたものだから、そこで話される「釈迦」はカリスマ（超人間的・非日常的な資質）を持った存在でなければならない。そうでないとご利益がなくなってしまう。

そのようにして、阿羅漢学派の釈迦とは違った、

――超人間的釈迦――

がつくりだされた。それが大乗仏教の「釈迦」になるのである。

▼大乗仏教の形成と阿羅漢学派の変質

だが、読者は勘違いをしてはならない。大乗仏教といっても、一つの教団があったのではないのだ。

真珠貝に挿入された核から発展したのが大乗仏教であるが、真珠貝は一つではない。アショーカ王が建立した八万四千のストゥーパが真珠貝だ。多数の真珠貝にそれぞれ核が挿入された。そして、ある真珠貝は美しい真珠を形成し、あるものは死んでしまった。真珠は多数出来たのだ。また、出来上がった真珠の形や質も多様であり、出来上がった時期も違う。

つまり、大乗仏教の教団は、広いインドのあちこちの土地に芽生えてきた。また、芽生えた時期もまちまちである。今日の学者の研究成果によると、最初に大乗仏教が芽生えた時期は紀元前一世紀から紀元後一世紀のころとされている。

それから、もう一つ注意しておいていただきたいことがある。それは、大乗仏教の興起にともない、阿羅漢学派が大きく変わったことである。

ストゥーパという聖遺物崇拝から派生した大乗仏教は、そこでカリスマ的・超人間的釈迦をつくりだした。われわれはそれを「仏」と呼ぶのであるが、その呼び名はともかくとして、その超人間的存在である「釈迦」が、阿羅漢学派の教学に影響を与えないわけがない。だいいち、民衆は釈迦を超人間的存在だと信じている。そのとき、「いや釈迦は阿羅漢である」と言ってのけることができるか。やはり、どうしても、自分たち阿羅漢とは一段格上の存在だとせざるを得ない。そうすると、阿羅漢学派が変質してしまうのである。

そこで、その変質した阿羅漢学派を、われわれは、

——小乗仏教——

と呼ぶことにする。そこでは、曲がりなりにも超人間的存在である「仏」を認めているのだから、それを「仏教」と呼んでよいからである。〝小乗仏教〟の呼称は、この場合は、阿羅漢学派よりもすぐれた宗教であるという好意的な評価にもとづいているのである。

以上のことを図にすると、次のようになる。

それから、図を描くとき、わたしは、「阿羅漢学派——→小乗仏教」のほうを「大乗仏教」よりも大きくした。これは、大乗仏教の教団よりも阿羅漢学派とそれが変質した小乗仏教の教団のほうが、インドにおいては大きな勢力であったからである。わたしたちは、中国から

日本に伝来した仏教が大乗仏教であり、小乗仏教はほとんど伝わっていないので、インドにおいて大乗仏教が興起すると、小乗仏教は衰退したかのように思ってしまう。だが、それはまちがいである。大乗仏教が興ったあとも、阿羅漢学派＝小乗仏教の勢力は盛大であった。そのことは、五世紀の初頭にインドを旅行した法顕の『仏国記』や、七世紀の前半にインドに留学した玄奘の『大唐西域記』によって確められる。いつの時代にあっても、インドにおいては、大乗仏教よりも阿羅漢学派＝小乗仏教の教団のほうが勢力が大きかった。そのことを忘れてはならない。

▼大乗仏教と小乗仏教の交流

ともかく大乗仏教は、インドのあちこちの土地で、長い時間をかけて少しずつ形成されていった。したがって、Aの地に発祥した大乗仏教の教団あるいはグループと、Bの地に発祥したそれとは、その主張や実践活動は違っている。また、Cの地の大乗仏教教団とDの地のそれは大きく違っている。まったく同じものはないわけだ。それが、大乗仏教と阿羅漢学派＝小乗仏教との根本的な差である。

なぜかといえば、阿羅漢学派＝小乗仏教は、一つの教団が分裂したものである。だから、基本的な部分は共通している。

それに対して大乗仏教は、民衆のうちから生まれてきた新興宗教である。それ故、それぞ

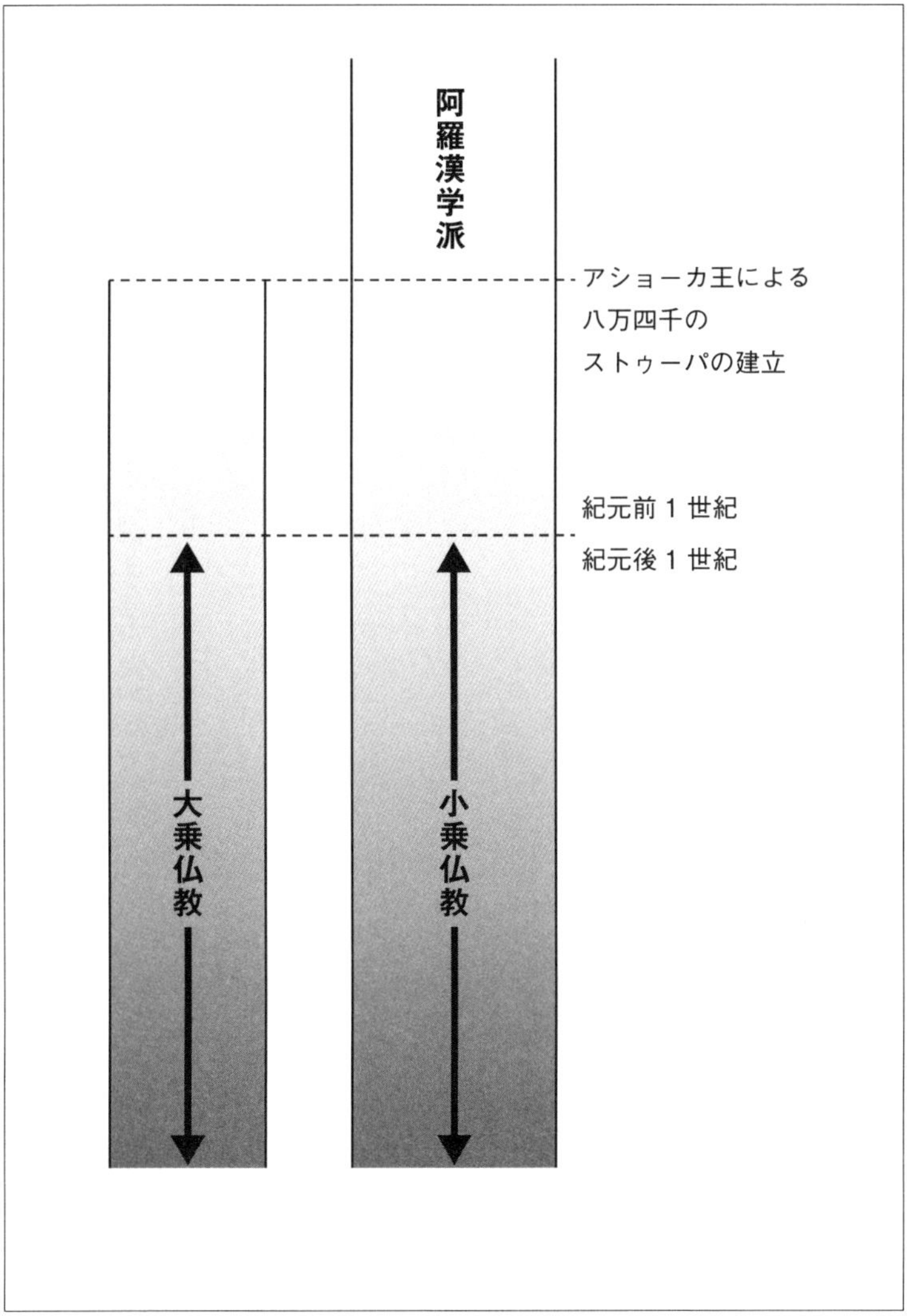
阿羅漢学派
アショーカ王による
八万四千の
ストゥーパの建立
紀元前１世紀
紀元後１世紀
大乗仏教
小乗仏教

れの教団がそれぞれの綱領を掲げているのだ。大乗仏教を統一されたスローガンにもとづく宗教運動だと見るのは、とんでもないまちがいである。

もっとも、大乗仏教の諸教団に共通するものがないわけではない。それは阿羅漢学派＝小乗仏教に対する反撥である。彼らが民衆と現実社会から遊離して僧院に閉じ籠り、阿毘達磨教学という学問研究に耽っている姿を見て、

「あなたがたは、衆生の救済という、宗教にとって肝腎なものを忘れてしまったのか?!」

と激しい怒りを発する。その怒りが、大乗仏教に共通するものであり、また大乗仏教の基本的な性格である。

ところが、ここでまたわれわれが注意せねばならないことがある。大乗仏教は阿羅漢学派＝小乗仏教に反撥したといっても、大乗仏教が阿羅漢学派＝小乗仏教と没交渉であったわけではない。ところで、わたしはこれまで煩を厭わず〝阿羅漢学派＝小乗仏教〟と表記してきた。でも、どうやらそれも面倒になったので、以後は〝小乗仏教〟と表記することにする。なに、大乗仏教が形成されたあとは、阿羅漢学派は小乗仏教に変質したのだから、大乗仏教に対しては小乗仏教でいいのである。

もう一度繰り返すと、大乗仏教はアショーカ王の造ったストゥーパを核にして形成された。ストゥーパの管理者たちが、カリスマ的・超人間的な存在である「釈迦」のイメージをつくって、それを参詣者たちに話して聞かせたのである。その際、ストゥーパの管理人たちは、

小乗仏教の教団の阿羅漢たちからいろいろと教えを受けた。なにせ、釈迦について情報を有しているのは、小乗仏教教団の阿羅漢たちである。彼らから情報を仕入れるのは当然である。

もちろん、ストゥーパの管理人と親交を持つのは、小乗の教団のうちでも進歩的な人たちである。つまり、大衆部の阿羅漢がストゥーパの管理人に接近する。上座部の連中は、ストゥーパといった聖遺物崇拝なんてものは愚かな大衆の信仰だとして、まずは無視をきめこむ。上座部の連中がストゥーパ信仰に関心を示すようになったのは、それが民衆のあいだで定着して、無視できなくなってからである。

それから、ストゥーパの管理人のうちに、小乗仏教の比丘になる者もいたであろう。普通は、ストゥーパの管理人は在家信者である。在家信者ではあるが、いちおうは宗教団体の専従者であり、いわばセミプロである。完全なアマチュアではない。そのセミプロが、小乗仏教のプロ（出家者）になる。そういうケースもあったと思う。そうして仏教の教理を学び、そのあと再びストゥーパに戻って、新しく大乗仏教の教理をつくる。そういう交流があったことが想像される。

そのような小乗仏教との交流のうちで、少しずつ大乗仏教の教理がつくられていったのである。

▼大乗仏教における「釈迦」像

さて、次にわれわれは大乗仏教のカリスマ的・超人間的存在としての「釈迦」の姿を考察しよう。

阿羅漢学派においては（この場合は、小乗仏教ではなく阿羅漢学派である）、釈迦は阿羅漢であった。ところが大乗仏教においては、釈迦は、

――仏――

とされた。釈迦を「仏」と見るのが、大乗仏教の基本的特色である。

では、仏と阿羅漢はどう違うか？

これについては、ある程度、序章において述べておいた。阿羅漢というのは、人間のうちで悟りを開いて最高の境地に達した者である。そして、阿羅漢学派においては、釈迦もまた一人の阿羅漢にすぎないと考えられており、しかも釈迦の入滅の時点で五百人の阿羅漢がいたとされる。釈迦は五百人の弟子たちと同レベルの存在と考えられていたのだ。阿羅漢というのは、そういう安っぽい存在である。だから、夢精をする阿羅漢がいたって、ちっとも不思議ではない。

それに対して仏は、無限の彼方にある存在である。われわれ人間が仏になるには、無限の時間がかかってしまうような存在。譬喩的にいえば、天空に輝く星のような存在である。われわれは星に到達することはできない。ただ星を目指して歩むだけだ。大乗仏教は釈迦をそ

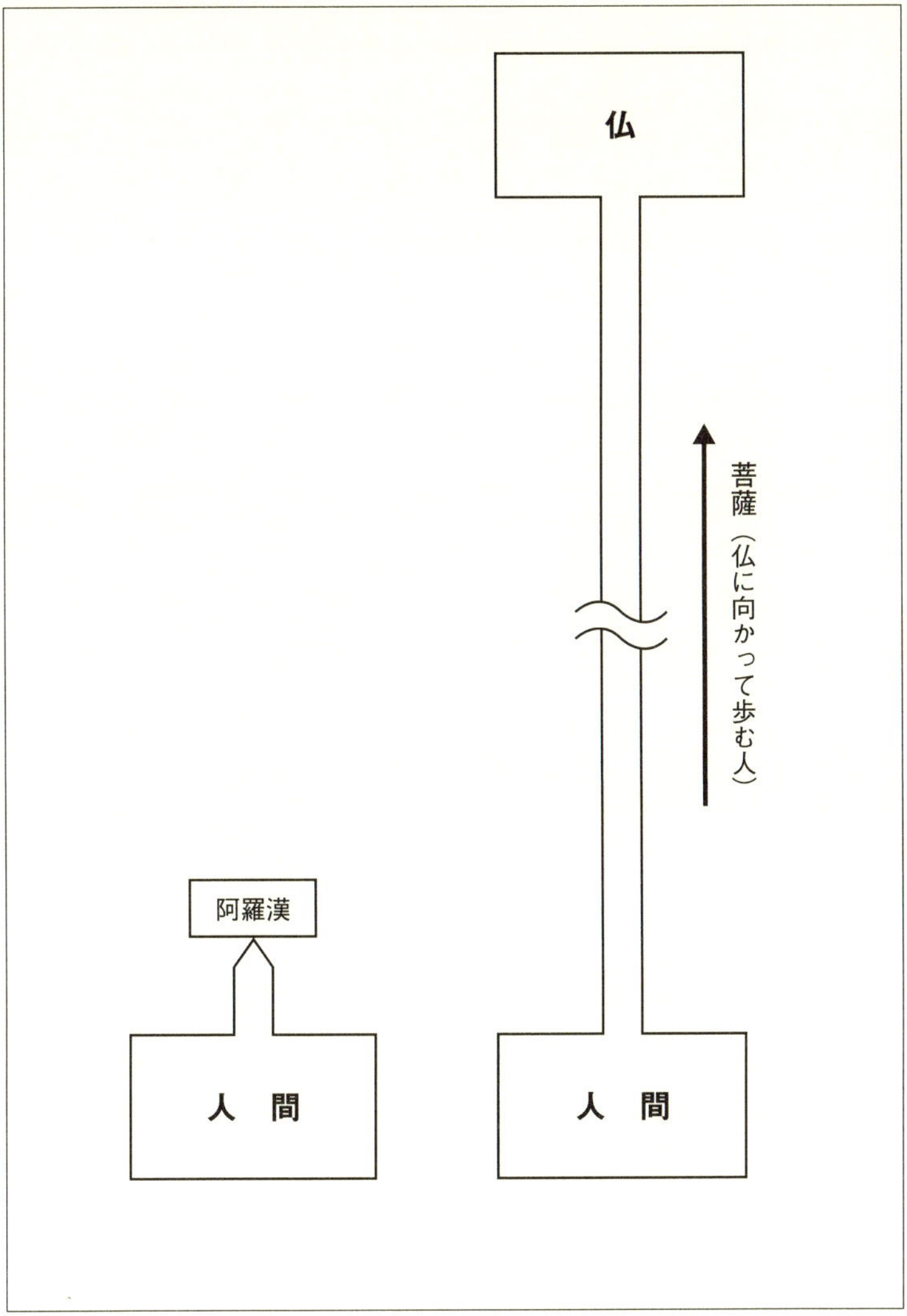
仏
菩薩（仏に向かって歩む人）
阿羅漢
人間
人間

のような存在と考えた。

さて、そうだとすると、ここで仏と人間とが断絶してしまう。仏と人間とのあいだに無限の距離があれば、二つは異質な存在でしかない。異質であれば、仏はキリスト教の神、イスラム教のアッラーのような存在になってしまう。

それでは困る。困るといった言い方はおかしいが、仏教においては仏と人間を断絶させてはならないのである。あくまでも連続的存在として捉えたいのである。

▼大乗仏教は「菩薩主義」

そこで大乗仏教が考案したのは、

――菩薩《ぼさつ》――

という観念によって、仏と人間との連続性を保証することであった。

〝菩薩〟という語は、サンスクリット語の〝ボーディサットヴァ〟を音訳した〝菩提薩埵《ぼだいさつた》〟を縮めた語であって、「覚りを求める人々」を意味する。それは「求道者」であり、「仏に向かって歩みを続ける人」である。

じつは、この「菩薩」の観念は、すでに阿羅漢学派においてつくられていた。阿羅漢学派においては、釈迦は三十五歳のとき悟りを開いて阿羅漢になったのであるが、それ以前の釈迦を何と呼べばよいか。それ以前というのは、釈迦が釈迦国の太子として誕生して以後、三十五歳になるまでのあいだだけではない。インド人は輪廻転生を信じているから、釈迦がこの世に生まれる以前の過去世における生存も、阿羅漢になる前の釈迦である。そして、それを彼らは〝菩薩〟と呼んだのである。

すなわち、釈迦は永い永い流転輪廻の過程で、あるときは国王となり、あるときは長者となり、またときには動物になって修行を積み、その修行の集積によってようやく釈迦国の太子となって生まれ、そして三十五歳で阿羅漢となった。これが阿羅漢学派の考え方であり、彼らはその釈迦の過去世における修行の様子を描いた、

――ジャータカ――

と呼ばれる物語をつくっている。「ジャータカ」は「本生」あるいは「本生譚」と訳されるが、これは釈迦が過去世において菩薩であった時代の物語である。

大乗仏教は、この〝菩薩〟という語を阿羅漢学派から借りてきて、仏と人間との連続性を保証する理論をつくったのである。

すなわち、菩薩というのは仏に向かって歩む人である。もちろん、仏は遥か彼方の存在であって、仏と人間とのあいだには無限の距離がある。その無限の距離を、われわれは流転輪廻して、何度も何度も生まれ変わって歩き続けるのだ。

だが、考えてみると、菩薩のうちには、もうすでに仏の近くにまで歩んでおられる者もいる。いるはずだ、と大乗仏教は考えて、そうした理想の菩薩として、

観音菩薩《かんのんぼさつ》（正しくは観世音《かんぜおん》菩薩。いわゆる観音さま）。

文殊《もんじゅ》菩薩（正しくは文殊師利《もんじゅしり》菩薩）。

普賢《ふげん》菩薩。

虚空蔵《こくうぞう》菩薩。

地蔵《じぞう》菩薩（いわゆるお地蔵さん）。

勢至《せいし》菩薩。

弥勒《みろく》菩薩（釈迦の入滅後、五十六億七千万年にしてこの世に弥勒仏となって出現される存在。現在は菩薩であるが、未来仏である）。


等々を考えた。

しかし、そのような理想の菩薩ももちろん菩薩であるが、同時にわれわれのような凡夫、すなわち仏に向かって一歩か二歩を歩み始めた者も菩薩であることに変りはない。なぜなら、菩薩というのは、どこまで到達できたか、その到達点が問題ではなく、仏に向かって歩み続けるその姿勢が大事なのだ。そこのところに、大乗仏教の基本テーゼがある。そして、この考え方によって、仏と人間が連続的に結びつけられたのであった。

それから、菩薩というものは、出家と在家の差を問わない。イメージ的には菩薩は在家信者を思わせるが、出家菩薩だっているのである。

ここのところにも、大乗仏教の考え方がよくあらわれている。というのは、小乗仏教は出家至上主義をとる。出家者でなければ阿羅漢になれないとして、在家信者を斬り捨ててしまったのが小乗仏教である。それに対して大乗仏教を「在家主義」と見るのはまちがいだ。大乗仏教は出家／在家といった観念にこだわらない。「出家主義」に対して「在家主義」を標榜すれば、その主義は偏頗《へんぱ》なものになってしまう。言うのであれば、大乗仏教は、

——菩薩主義——

である。出家／在家にこだわることなく、みんなで仏に向かって歩いて行こう。そう主張したのが大乗仏教である。わたしはそのように考えている。

▼大乗仏教はなぜ仏像を造るか?

仏像について触れておく。

アショーカ王は多数のストゥーパを建立した。しかし、彼の造ったストゥーパは、そのままでは現存していない。

十九世紀の末にイギリスの考古学者のカニンガム（一八一四—九三）がサーンチーのストゥーパの第一塔を調査したが、そのとき彼はストゥーパの頂きから竪穴を掘って、中に煉瓦造りの小さなストゥーパがあることを確認した。おそらくそれがアショーカ王の建立したものであろう。現在の第一塔は、そのストゥーパを石材で覆って大きくしたものである。そして、このサーンチーのストゥーパ（三基ある）が、現存するストゥーパのうちで最古のものであ

る。紀元前一世紀から一世紀にかけて造られたものである。

この例で分かるように、アショーカ王によって多数のストゥーパが建立されたが、それ以後もあちこちでストゥーパは建立されているのである。また、古いストゥーパの上に、それよりも大きなストゥーパを造るケースも多い。ストゥーパの建増しである。

そして、サーンチーのストゥーパの欄楯《らんじゅん》（ストゥーパの周囲を結界して囲んだ石製の柵）や塔門には彫刻が施されている。ストゥーパそのものは残っていないが、前二世紀末と推定されるバールフットの欄楯と塔門の彫刻がコルコタのインド博物館にある。彫刻は浮彫りが主であって、蓮華その他の装飾文様や人物、説話などが彫られている。また、「ジャータカ」に取材したものもある。おそらくストゥーパの管理人たちは、これらの彫刻を使いながら、参詣人たちにカリスマ的・超人間的な存在である「仏」の物語を聞かせていたのであろう。いわゆる絵解きが行なわれていたのである。

ところで、興味を惹くのは、「仏」の物語りであるはずのこれらの彫刻の中では、どの場面においても仏が描かれていないことである。本来仏がいるはずのその位置に、仏のかわりに法輪・宝座・菩提樹・傘蓋・ストゥーパ・足跡などが彫刻されている。そのようなシンボルでもって釈迦という存在が示されているのである。

これはどういうわけであろうか……？　美術史における重要なテーマである。

だが、わたしに言わせれば、その理由は簡単である。阿羅漢学派においては、釈迦は阿羅漢であった。阿羅漢というのは、涅槃《ねはん》に入って、輪廻の世界に再び生まれることがない聖者である。このことは第二章の冒頭で述べてある（五五ページ参照）。しかも、涅槃に入るのは死においてではない。人間が悟りを開いて阿羅漢になったとき、すでにその人は涅槃に入ったのだ。ただし、その人にはまだ生命の火が燃え続けている。それでその生命の火が燃えているあいだを有余《うよ》涅槃と呼び、生命の火が消えたあとを無余《むよ》涅槃（般《はつ》涅槃とも）という。そうすると、阿羅漢になってから死ぬまでのあいだは、有余涅槃であって完全な涅槃ではない。けれども、完全な涅槃に入っていないからといって、それを普通の人間と同じに扱うのは失礼である。だから、阿羅漢学派では、阿羅漢となった（有余涅槃に入った）釈迦を肉身を持った存在としては造形せず、菩提樹や法輪などのシンボルでもって表現した。それがわたしの推理である。

ところが、大乗仏教の時代になると、小乗仏教が意識的に避けていた仏像が積極的に造像されるようになった。

その最初の仏像が造られたのは一世紀のころ、遅くとも二世紀の前半であったとするのが美術史家の通説である。しかし、その最初の仏像が造られた土地がガンダーラであったか、それともマトゥラーであるか、美術史家のあいだで論争があり、結着がついていない。ガンダーラは北西インド、インダス河上流地帯で、現在はパキスタン領である。その仏像はだいぶギリシア的である。マトゥラーはジャムナ河畔にあって、ここで造られた仏像は純インド的。だが、われわれは、最初の仏像が造られた土地がガンダーラかマトゥラーか、そういった論争に加わることはしないでおこう。ともかく、大乗仏教になって仏像が造形されるようになったことだけを知っておきたい。

では、なぜ大乗仏教は仏像を造ったのか？　その問いに対する解答は簡単だ。一一一ページの図を見ていただきたい。大乗仏教においては、仏と人間を連続した存在と考えている。阿羅漢は人間と断絶した存在である。それ故、仏を人間の姿でもって造像してよいのである。逆にいえば、阿羅漢は人間と断絶した存在だから、人間の姿で造形できないのである。

ここのところに、大乗仏教と小乗仏教の決定的な違いがある。

第5章

大乗仏教がつくった経典

▼「空」なる釈迦を拝した須菩提

『増一阿含経』(36・5)におもしろい伝説が収録されている。釈迦の「昇三十三天為母説法」の伝説である。

釈迦はあるとき、三十三天(忉利天《とうりてん》ともいう)に昇天し、その天界に再生しておられた生母の摩耶夫人《まやぶにん》(マーヤー)に会われ、夫人のために説法をされた、といった伝説である。おそらく釈迦があるとき、弟子たちには何も告げずに人里離れた阿蘭若《あらんにゃ》(修行に適した閑静な場所)に行き、そこで禅定をしておられたのであろう。そして、三か月後に阿蘭若から出て来られた。そのような事実をもとにつくられた伝説と思われる。

しかし、その伝説そのものには、われわれはあまり関心がない。ここで言いたいのは、釈迦が三か月後に三十三天から地上のサーンカシュヤの地に降りて来られたときのことだ。大勢の人々が釈迦を迎えた。そしてそのとき、蓮華色比丘尼《れんげしき》（ウトパラヴァルナー）が人々を押しのけて真っ先に世尊の前に行き、世尊のみ足を拝したのであった。

ところが、釈迦は彼女に向かって、意外なことを言われた。

「蓮華色比丘尼よ、わたしを真っ先に拝んだのは、そなたではない。そなたではなしに須《しゅ》菩提《ぼだい》（スブーティ）だよ」

そこで蓮華色は須菩提の姿を捜した。

だが、どこにも須菩提はいない。

じつは須菩提は、そのとき、サーンカーシュヤの地から遥かに離れた、マガダ国の王舎《おうしゃ》城《じょう》（ラージャグリハ）郊外の霊鷲山《りょうじゅせん》（グリドゥラクータ）にいたのである。

では、どうして須菩提が釈迦世尊を出迎えることができたのか？

そのとき須菩提は霊鷲山にあって衣を縫っていた。そして彼もまた、その日に釈迦が天界より降下されることを知った。

〈世尊を出迎えよう……〉

と、須菩提は座を立ちかける。しかし、その瞬間、彼はこんなことを考えた。

〈いったい「世尊」とは何であろうか……？　わたしがいま出迎えようとする「世尊」は、

五蘊《ごうん》でもって構成された「世尊」である。けれども、五蘊はすべて「空」だ。世尊はそう教えておられる。だとすれば、わたしはいま、ここで「空」を拝することによって「世尊を拝する」ことができるのだ。なにもわざわざサーンカーシュヤの地に行く必要はない〉

そう考えた彼は、そのまま座を立たず、「空」なる釈迦を拝したのであった。釈迦はそのような須菩提の礼拝こそが、わたしに対する真の礼拝であると言われたのである。

『増一阿含経』は阿羅漢学派の教団が伝える経典である。したがって小乗経典である。その小乗経典の中に、まるで大乗仏教が伝えるような話が出てくる。わたしは、この話はおもしろいと思う。われわれはこれを手掛りにして、大乗仏教についての考察を進めることにしよう。

▼テレパシイによる法談

大乗仏教において最初につくられた経典は「般若経《はんにゃきょう》」である。その時期は、紀元前一世紀から紀元後一世紀にかけてであった。

ところで、「般若経」というのは経典のグループの名前だ。『般若経』と名づけられる単一の経典があるわけではない。

「般若経」のグループのうちには、

『大品《だいぼん》般若経』(二十八巻、もしくは三十巻、あるいは四十巻。正しくは『摩訶般若波羅蜜《まかはんにゃはらみつ》

経』という。また『二万五千頌《じゅ》般若』とも呼ばれる）
『小品《しょうぼん》般若経』（十巻。正しくはこれも『摩訶般若波羅蜜経』という。『八千頌般若』とも呼ばれる）
『大般若経』（六百巻。正しくは『大般若波羅蜜多《はらみった》経』。『十万頌般若』ともいう）
『般若心経』（一巻。正しくは『般若波羅蜜多心経』。これが最近の日本で有名な『般若心経』である）
『金剛経』（一巻。正しくは『金剛般若波羅蜜多経』）
などがある。

ところで、大乗経典がつくられたといえば、わたしたちは、誰か文才のあるものが経典を創作したと思ってしまう。だが、それだと、大乗経典は「文学作品」になってしまう。そうではない。大乗経典は、釈迦から教えを聴聞して、それを記憶にもとづいて書き留めたものである。

でも、そんなふうに言えば、五百年も前に入滅された釈迦がどうして説法できるのか、と読者は不審に思われるはずである。それが、できるのだ。それが可能であることを、わたしは須菩提の例で示しておいた。

須菩提は釈迦の十大弟子の一人である。彼は「解空《げくう》第一」とされ、「空」の教理の理解に関しては釈迦の弟子中の第一と言われている。その須菩提が、「釈迦」という存在は五蘊

（肉体と精神）が仮和合《けわごう》（因縁によって仮に和合している状態）であって実体がなく、「空」であることに気づいたのであった。そして、その「空」なる釈迦を拝した。それを知った釈迦は、その礼拝こそが真なる礼拝だと言われた。そういう話である。われわれは肉体を持った釈迦が本当の釈迦だと思っているが、真実の「釈迦」は「空」の存在である。この話は、そういうことを物語っている。

同じく「阿含経」の『サンユッタ・ニカーヤ』（二一）には、こんな話もある。

そのとき、釈迦はコーサラ国の首都の舎衛城《しゃえじょう》（シュラーヴァスティー）郊外にある祇園《ぎおん》精舎におられた。一方、釈迦の二大弟子といわれる舎利弗《しゃりほつ》（シャーリプトラ）と目連《もくれん》（マウドガルヤーヤナ）の二人は、王舎城の竹林精舎にいた。祇園精舎と竹林精舎とでは、千キロ以上の距離がある。

目連のところに舎利弗がやって来て言う。

「目連尊者よ、きょうのあなたの顔色はすばらしい。何かいいことがあったのですか？」

「友よ、舎利弗尊者よ、わたしはいま、釈迦世尊と法談をしていました」

「だが、しかし、いま世尊は祇園精舎においでになる。では、あなたは神通力によって祇園精舎に行き、世尊と法談をされたのですか……？　それとも、世尊が神通力によってここに来られたのですか？」

「いいえ、神通力によったのではありません。世尊は、清浄なる天眼と天耳をお持ちです。

わたしもまた、清浄なる天眼と天耳を持っています。それによって、わたしは世尊と法談ができたのです」

わたしは、これを、

――テレパシイによる法談――

と名づけたい。清浄なる天眼と天耳があれば、釈迦がどこにおられても、いつでも釈迦と法談ができるのである。経典はそう言っている。そして、そう思って小乗経典を読み返せば、われわれは随処に「テレパシイによる法談」の例を発見できるのだ。

もちろん、これは釈迦の在世のときである。しかし、釈迦は「空」なる存在であるのだから、釈迦の入滅したあとでも、われわれは、テレパシイによって釈迦と法談ができる。われわれが瞑想によって真理の世界に没入すれば、そこにおいでになる「空」なる釈迦に見《まみ》えることができ、そして釈迦から教えを聴聞できるのだ。

「般若経」は、瞑想体験の中で釈迦に見え、釈迦から教えを聴聞した人々によって書き留められた大乗経典なのである。

▼「空」にもとづく智慧

「般若経」は、来場仏教の基本哲学である「空」を説いた経典である。

では、「空」とは何か？

「空」というのは、有と無を超越したものの見方である。あるいは、物事を固定的・実体的に見ない見方である。

われわれは苦悩に直面したとき、なんとかしてその苦しみを無《な》くしたいと思う。それは、苦しみが有ると思い、その苦しみを無にしたいと思っているのだ。すなわち有／無にこだわっている。けれども、苦しみは有でもなく無でもなく「空」である。

あるいは、「空」とは、ものには物差しがついていないということだとも言える。小学生が学校の校庭で遊んでいるとき、〈狭い校庭だなあ……〉と思うであろう。だが、その校庭を掃除させられるときには、〈広い〉と思ってしまう。「広い校庭」「狭い校庭」が固定的・実体的にあるのではなく、校庭そのものは「空」なのだ。その「空」なるものを、われわれはそのときどきの物差しでもって広くしたり狭くしているのだ。同様に一千万円というお金も、人によっては「大金」になったり「端金《はしたがね》」になったりする。

じつをいえば、阿羅漢学派のうちの上座部系の説一切有部（有部と略称される）が事物を固定的・実体的に見る教理をつくりあげた。彼らは苦悩や煩悩を固定的・実体的に捉え、それをいかにして克服するかといった精緻《せいち》な理論体系をつくりあげたのである。「般若経」をつくったグループは、「空」の教理でもって阿羅漢学派を批判したのである。

ところで、「般若経」は、正しくいえば「般若波羅蜜多経」という。サンスクリット語だと「プラジュニャー・パーラミター・スートラ」。〝プラジュニャー〟は「智慧」で、〝パーラミター〟は「完成」の意味。したがって、「般若経」は「智慧の完成」を教えた経典である。

だが、ここでいう「智慧」は、わたしたちが普通に言っている知恵とは違う。以下、〝智慧〟と〝知恵〟を区別して表記するが、日常生活においてわれわれが使っている知恵は、物事を固定的・実体的に捉えている知恵である。われわれは貧乏を苦にしているが、それは貧乏といったものが実体的に存在していると思っているからだ。しかし、貧乏／金持ちというものが実体的に存在しているわけではない。それが証拠に、年収が増えれば増えるほど、ますます〈もっと欲しい〉と思うようになる。貧乏も金持ちも、すべては「空」である。その「空」であるといった「明らめ」に立脚したのが智慧(般若)である。つまり、事物をあるがままに見ることのできる智慧が般若である。「般若経」をつくったグループは、そのような「空」にもとづく智慧を提唱したのであった。

▼大乗仏教の魁を飾る「般若経」

学者の研究によると、「般若経」が最初につくられた土地は南インドであったらしい。そして彼らは山林修行者であったと推定されている。

この山林修行者のグループは、ストゥーパの信仰とはあまり関係なかったようだ。

山林修行者たちは、基本的には世俗を離れた出家者であった。彼らは瞑想体験の中で釈迦に見《まみ》え、その釈迦から教えを聴聞した。しかし、彼らが見《まみ》えた釈迦は、「空なる仏」であった。現実の姿・形を持った仏ではない。姿・形を超越した仏である。彼らはしっかりと仏に見え、ありありと仏を拝したのである。

そして、仏の声を聞いた。仏から「法」を聴聞したのである。それは時間と空間を超越した「テレパシイによる法談」であった。

彼らが聴聞した「法」が「般若経」である。

この南インドの山林修行者たちが「般若経」を聴聞したのは、すでに述べたように紀元前一世紀のころであった。そして、そのあとこの経は北インドに伝えられ、さらに北インドから西北インドへと伝えられた。いや、たんに南インドで作製された「般若経」が北インド、西北インドに伝えられただけではない。北インドの地でも、西北インドの地でも、山林修行者たちが新たに数多くの「般若経」をつくったのである。「般若経」の拡大増広が行なわれた。

そして、最後に、紀元後一世紀のころに、西北インドにおいて数多くの「般若経」が集大成されてまとめられたと考えられている。なぜそのような推定がなされるかといえば、「般若経」には阿羅漢学派の説一切有部の教理を激しく非難・攻撃している個所があるからである。説一切有部の勢力が強かった地方は西北インドである。近くに説一切有部の教団があったもので、「般若経」のグループの人たちはそれを攻撃したのだと考えられている。

ともかく、「般若経」は大乗仏教の基本哲学である「空」の理論を打ち立てたものだ。まず最初に自分たちの旗幟《きし》を鮮明する。そこから大乗仏教の運動が展開される。その意味で、「般若経」は大乗仏教の魁《さきがけ》を飾るにふさわしい経典であった。

▼ドラマ仕立ての『維摩経』

ヴァイシャーリーの街に一人の居士《こじ》（学徳のある大資産家）が住んでいた。

ヴァイシャーリーといえば、第三章で述べた、あの第二結集の開催された都市である。商業都市であって、わりと進歩的な土地であった。

居士の名をヴィマラキールティという。彼は仏教信者であった。といっても出家者ではない。在家である。だが、出家者と同じように戒律を奉持し、妻子を持ちながら、いっさい執着のない生活をおくっている。いたるところに出没し、博奕場《ばくちば》、酒肆《しゅし》、淫舎にも平気で足を運ぶ。人々に仏法を説いて聞かせるがためである。

このヴィマラキールティ居士、もちろん架空の人物である。ひょっとすれば、紀元後一世紀のヴァイシャーリーに、この人物のモデルとされるような人間がいたかもしれない。ともかくこのヴィマラキールティ居士を現実の人物として設定し、彼に仮託して阿羅漢学派を完膚なきまでにやっつける大乗経典がつくられた。その経典の名が、

——『維摩経《ゆいまぎょう》』——

である。この経典は、日本では鳩摩羅什《くまらじゅう》（三五〇―四〇九ごろ）によって漢訳された『維摩詰所説経《ゆいまきつしょせつきょう》』によって広く知られている。玄奘《げんじょう》（六〇二―六六四）訳の『無垢称経《むくしょうきょう》』もあるが、こちらのほうはあまり読まれない。また、長いあいだ『維摩経』のサンスクリット原典は散佚《さんいつ》したと思われていたが、一九九九年に大正大学の仏教文献調査団がチベットのポタラ宮で『維摩経』のサンスクリット写本を発見した。ちょっとした出来事であった。

『維摩経』は維摩詰《ゆいまきつ》（略して維摩。サンスクリット語名はヴィマラキールティ）を主人公にして、大乗仏教の基本哲学である「空」の思想を闡明《せんめい》にした経典である。主人公の維摩が病気になり、釈迦はその病気見舞いに自分の弟子を名代に派遣されようとする。しかし、舎利弗《しゃりほつ》（シャーリプトラ）や目連《もくれん》（マウドガルヤーヤナ）、摩訶迦葉《まかかしょう》（マハーカーシャパ）、阿難《あなん》（アーナンダ）といった錚々《そうそう》たるメンバーが、全員、

「わたしは以前、あの維摩居士と問答をして、散々な目にあいました。どうも維摩居士は苦手です。見舞いには行けません」

と辞退してしまった。そこで釈迦は文殊菩薩《もんじゅぼさつ》を指名された。で、文殊菩薩が維摩居士の見舞いに行き、二人が問答する。となると、舎利弗をはじめとする釈迦の弟子たちは責任がなくなったもので、ゾロゾロと文殊菩薩のあとを随《つ》いて行く。そして二人の問答を傍聴する。

歴史的人物と架空の人物をうまくからませながら物語が展開する、そういうドラマ仕立てのおもしろい経典である。

『維摩経』は「空」の教理を教える経典である。だから、その意味では「般若経」の系統に属している。

けれども、「般若経」は山林修行者のあいだでつくられた大乗経典であるのに対して、『維摩経』をつくった人たちは、もっと別のグループであったと推測される。維摩居士のイメージには、山林修行者を連想させるものがない。かといって、ストゥーパ信仰と結びつく要素も見られない。ヴァイシャーリーという商業都市の、独特な自由の雰囲気の中から生れ出た経典である。小乗仏教を完膚なきまでにやっつけた痛快な経典として、昔から日本人に親しまれてきた大乗経典である。

▼初期の大乗経典

日本人に最も親しまれてきた経典といえば、やはり『法華経』である。『法華経』は、古来、

——経典の王者——

と言われている。次にわれわれは『法華経』について語ろうと思うが、その前に、大乗経典全体の性格と時代区分について解説する。

すでに述べたところからお分かりのように、大乗仏教の経典は一度に全部がつくられたわけではない。長い時代にわたって、インドのあちこちで、大乗仏教の運動を推進するグルー

プの人たちがそれぞれの経典をつくり上げた。ある土地で作製された経典が別の土地に伝播し、その新しい土地で経典が拡大増広されたりする。そういう積み重ねによってつくられたのが大乗経典である。

その点では、小乗経典と対蹠的である。

小乗経典は、最初、阿羅漢学派の経典として、第一結集（王舎城結集）のときに一度に全部がつくられた。のちに阿羅漢学派が部派に分裂すると、最初につくられたものが書き換えられたり、各部派が新しい経典をつくったりした。拡大増広が行なわれたのだが、ともかく最初にまとまったものがつくられたのだ。その点が根本的に違っている。

さて、大乗経典は積み重ね的につくられていったのであるが、そのうち、初期につくられたものを「初期大乗経典」と呼んでいる。

では、何をもって「初期」とするか……？

じつは、龍樹《りゅうじゅ》（ナーガールジュナ）という学者がいる。詳しいことはあとで述べるが、紀元後一五〇年から二五〇年ごろの人とされる。彼は初期大乗仏教を確立した大論師とされているが、その彼の著作に言及されている経典はまちがいなく彼の時代かそれ以前に作製された経典であるので、それを「初期の大乗経典」とする。したがって、龍樹の著作のうちにその名の見えない経典は「後期の大乗経典」になるのである。

次のものが「初期の大乗経典」である。

「般若経」……『小品般若経』『大品般若経』『大般若経』『般若心経』『金剛経』
『維摩経』
『華厳《けごん》経』
「浄土教経典」……『無量寿経』『阿弥陀経』『観無量寿経』
『法華経』

このうち、「般若経」と『維摩経』についてはすでに解説した。
われわれは次に『法華経』を解説する。

▼『法華経』の成立

「般若経」を作製した人たちは、すでに述べておいたように山林修行者であった。彼らは出家者である。阿羅漢学派の教団に飽き足らなくなった人が、教団を去って山林に隠棲した者もいるだろう。あるいは在家の人間がいきなり山林に入って、そこで修行を始めた者もいただろう。いずれにしても山林修行者は世俗を離れた出家者であった。

だから彼らは、ある意味ではプロの宗教者だ。プロだから、わりと高度な瞑想の技術をマスターしている。そのテクニックによって、彼らは姿なき「空」の釈迦仏に見《まみ》え、釈迦仏から教えを聴聞した。

だが、『法華経』をつくった人々は、たぶんそのようなプロではなかったと思われる。彼らはストゥーパ信仰に集まった人たちであった。

ストゥーパに大勢の人々が参詣に来る。前にも述べたが、ストゥーパを維持・管理する人々のうちには、参詣人に釈迦仏について、また釈迦の教えについて話をして聞かせる役割の人がいた。それが、

――法師《ほっし》（ダルマ・バーナカ）――

と呼ばれる人々である。説法者であり、布教師であった。

この法師たちは、山林修行者ほどではないにしても、ある程度のテクニックを身につけたプロ（というよりセミ・プロ）の宗教者である。彼らはひたすら釈迦仏に祈り、釈迦仏を念ずる。瞑想体験をもつ。そうすると、彼らの前に釈迦仏がありありと姿を現わし出されるのだ。そして彼らは、目の前に出現された釈迦仏から教えを聴聞した。それを書き留めたのが『法華経』である。わたしはそのように推測している。

だからこそ、『法華経』は「如来寿量品《にょらいじゅりょうぼん》」の中で次のように言っている。

衆生既信伏　　世の人々が正しい信仰をもち
質直意柔輭　　すなおにしてやわらかな心となり
一心欲見仏　　ひとつこころに仏に見《まみ》えんと欲して
不自惜身命　　わが身、いのちを惜しまざれば

時我及衆僧　そのとき、われと衆僧とは
倶出霊鷲山　ともに霊鷲山に出現せり。

一心に仏に見《まみ》えんと欲する者の前に釈迦仏は出現されると言っている。じつは『法華経』そのものが、一心に仏に見えようとした人たちによってつくられた経典である。自分たちが仏に見えることができたのだから、仏は必ず出現される。『法華経』はそのように自信をもって断言しているのである。

なお、『法華経』が作製された地は、学者たちは西北インドと推定している。そして、近くに提婆達多（デーヴァダッタ）の教団があり、『法華経』のグループと提婆達多の教団とは親交があったらしい。だから『法華経』は、提婆達多を叛逆者とは見ていないのである。そのことについては、わたしは第二章において触れておいた（六二ページ以下参照）。にもかかわらず日本の仏教学者のうちには、『法華経』は提婆達多のような悪人でも救われると説き、懐の広さを発揮した経典である、といったような解説をする人がいる。その人は、阿羅漢学派にしてやられているのである。『法華経』は小乗仏教（阿羅漢学派）を批判した大乗経典である。提婆達多を悪人と見るような学者を、『法華経』はいちばん苦々しく思っているはずだ。阿羅漢学派＝小乗仏教の宣伝に引っかかってはならない。

それから、『法華経』のサンスクリット語書名は『サッダルマ・プンダリーカ・スートラ』

である。直訳すると「白蓮華《びゃくれんげ》のような正しい教えの経」となる。それを漢訳者の竺法護《じくほうご》（二三九—三一六）は『正法華経』と訳し、鳩摩羅什（羅什と略して呼ばれる）は『妙法蓮華経』と訳した。日本では羅什訳の『妙法蓮華経』がもっぱら用いられている。その流暢な訳文が好まれたためである。

▼「久遠実成の仏」

『法華経』の中心テーマは、

——永遠の釈迦牟尼仏——

である。『法華経』自身の言葉によると「久遠実成《くおんじつじょう》の仏」である。

阿羅漢学派によると、釈迦は八十歳のとき、クシナガラの地において入滅された。このとき釈迦は涅槃に入ったのだ。涅槃に入ったということは、われわれの輪廻の世界から消え失せてしまったわけだ。すなわち「無」になったのである。

とすると、釈迦はわれわれと何の関係もない存在になってしまう。われわれが泣こうが喚《わめ》こうが、釈迦はそれに応えてくれない。「無」であるのだから、それに応えることはできないのである。われわれに関係あるのは、釈迦が教えた「法」だけである。そしてその「法」は、阿羅漢学派の連中が独り占めしてしまった。在家信者はその「法」を知ることができない。阿羅漢学派は、阿羅漢による、阿羅漢のための、阿羅漢の宗教なのだ。

そのような阿羅漢学派に反撥したのが大乗仏教である。そして『法華経』は、釈迦仏は「無」になったのではないと主張する。釈迦仏は永遠に存在し続ける仏であって、だからこそわたしたちが一心に仏に見《まみ》えんとすれば必ず出現してくださるのだ。それが「永遠の仏」であり、「久遠実成の仏」である。

でも、釈迦は実際に入滅されたではないか?! そう言う人に対しては、『法華経』は、それは「仮象（ドイツ語でいうSchein）」にすぎない、と説明する。ガラスのコップの水の中に入れたまっすぐな棒は、わたしたちには曲がって見える。しかし、棒は決して曲がっていない。ただわれわれにそう見えるだけである。それが「仮象」である。われわれには釈迦は入滅されたように見えるが、実際には釈迦はおいでになるのだ。雲の上にある太陽は、われわれには見えないけれども、必ず存在している。釈迦は永遠にあり続けているのだ。それが『法華経』の主張である。

あるいは、これを逆に説明することができる。厚い雲に覆われているとき、われわれには太陽が見えない。だが、ときどき、雲の隙間から太陽光線が地上に届くときがある。ちょうどそのように、太陽の存在である宇宙仏が太陽光線となってわれわれ人間世界に来現された。それが釈迦仏である。そして、その釈迦仏が再び雲に隠れて見えなくなった。それが『法華経』の「久遠実成の仏」である。〝久遠〟とは「永遠」の意。釈迦は永遠なる存在なのだ。だからこそ、われわれ衆生が釈迦仏に帰依すれば、それに応えてくださるのだ。そういうかたちで、『法華経』はわれわれに帰依すべき仏を取り戻してくれたのである。

『法華経』の「如来寿量品」から、そこのところを引用しておく。これは釈迦仏が語られている言葉である。

> 汝等《なんじら》よ、諦《あきら》かに聴け、如来の秘密・神通の力を。一切世間の天・人及び阿修羅《あしゅら》は、皆、今の釈迦牟尼仏は、釈氏の高〔釈迦国の宮殿〕を出でて、伽耶城《がやじょう》を去ること遠からず〔ガヤーの町から少し離れた〕、道場〔ブッダガヤーの金剛宝座〕に坐して、阿耨多羅三藐三《あのくたらさんみゃくさん》菩提《ぼだい》〔無上・最高の覚り〕を得たりと謂《おも》えり。然るに善男子よ、われは実に成仏してより已来《このかた》、無量無辺百千万億那由他《なゆた》劫なり。

▼宇宙仏について述べた『華厳経』

次は『華厳経』である。

『華厳経』はサンスクリット語では『ブッダ・アヴァタンサカ・ナーマ・マハーヴァイプルヤ・スートラ』という。直訳すれば、「仏の飾りと名づけられる広大な経」となり、漢訳ではこれを『大方広仏華厳経《だいほうこうぶつけごんきょう》』と訳している。

〝大方広仏〟とは、でっかい仏ということで、われわれはこれを、

——宇宙仏——

と命名しよう。宇宙の中心にどっかとましますす仏であり、あるいは宇宙に遍在する仏である。宇宙そのものが仏である。

そして、この宇宙仏の固有名詞は毘盧遮那仏《びるしゃなぶつ》である。あるいは盧舎那仏《るしゃなぶつ》とも表記される。これは漢訳者の違いによる表記の差だ。わが国では、華厳宗（奈良の東大寺がその本山）が盧遮那仏の表記を、その他の宗派では毘盧遮那仏の表記が採用されている。

毘盧遮那仏（盧舎那仏）のサンスクリット語名は〝ヴァイローチャナ・ブッダ〟。この〝ヴァイローチャナ〟は「輝きわたるもの」の意で、宇宙の中心にあって四方八方に光を放射する太陽がイメージされている。まさに宇宙仏にふさわしい名前である。

そして〝華厳〟とは、伝統的に「雑華厳飾《ざつけごんじき》」と解される。雑華（さまざまな美しい花）でもって宇宙仏である毘盧遮那仏（盧舎那仏）を厳飾する（荘厳する・かざる）のである。『大方広仏華厳経』とはそういう意味である。

さて、すでに述べたように、釈迦（歴史的実在人物としての釈迦）の説法の基本的態度は、「対機説法」であり「応病与薬」であった。「対機説法」とは、教える相手の機根（性質や能力）に応じて法（真理）を説くことである。「応病与薬」も同じで、病気に応じて薬を与えるように、相手にふさわしい教え（薬）を説くことである。それが釈迦の基本的態度であった。

だが、そのような対機説法が成り立つためには、釈迦に永遠不変の絶対的真理がなければならない。もしもその絶対的真理がなくて、しかも相手に応じて説法するならば、その説法は「ご都合主義」のそれであり、「場当たり的」な説法になってしまう。節操のない、迎合的な態度に終始することになる。

それ故、釈迦が対機説法をされたとき、釈迦はその背後に確固不動の絶対的真理を持っておられたはずである。「永遠の絶対的真理」がバックボーンとして釈迦にあったからこそ、釈迦は対機説法によって衆生を導くことができたのである。

その「永遠の絶対的真理」そのものを表明したものが『華厳経』である。

すなわち、『華厳経』によると、釈迦は三十五歳でブッダガヤーの菩提樹の下で降魔成道したとき、釈迦は宇宙仏である毘盧遮那仏と一体になっていた。釈迦は宇宙仏そのものになりきっていた。

そして釈迦は、その自分の覚りの内容をそのままに表現した。それが『華厳経』である。

したがって、『華厳経』においては、釈迦の高度な覚りがそのままに表現されている。だから非常に難解である。それで、その説法を聴聞した弟子たち（出家者たち）には、教えをまったく理解できなかったという。

ともあれ、

『法華経』は……「永遠の仏」について述べた経典である。

それに対して、

『華厳経』は……「永遠の法（真理）」について述べた経典である。

そのように言うことができそうである。いずれも代表的な大乗経典なのである。

▼阿弥陀仏と極楽世界

次は「浄土教経典」である。

代表的な「浄土教経典」には次の三種があり、「浄土三部経」と呼ばれている。

1 『無量寿経《むりょうじゅきょう》』(『大無量寿経《だいむりょうじゅきょう》』ともいう)二巻。

2 『観無量寿経《かんむりょうじゅきょう》』一巻。

3 『阿弥陀経《あみだきょう》』一巻。

「浄土教経典」というのは、阿弥陀仏《あみだぶつ》とその仏国土である極楽《ごくらく》世界のありさまについて説いた経典である。

阿弥陀仏のサンスクリット語名は、

アミターユス(アミタ・アーユス。無限の寿命をもつもの。無量寿)

アミターバ(アミタ・アーバ。無限の光明をもつもの。無量光)

の二つある。したがって、漢訳仏典ではこれを〝無量寿仏〟〝無量光仏〟と訳している。

〝阿弥陀仏〟は、その両者に共通する〝アミタ〟(無限の意)を音訳したものである。

『無量寿経』によると、阿弥陀仏の前身は法蔵菩薩《ほうぞうぼさつ》(彼は出家修行者になったので、法蔵比丘とも呼ばれる)であった。彼は大勢の衆生を救いたいとの願をおこし、そのために仏になろうとした。仏になると、自分の仏国土を持つことができる。その仏国土に衆生を迎えとってやり、そこで衆生が仏道（仏になるための道）を歩めるようにしてやろうとしたのだ。

法蔵菩薩が建立しようと思った仏国土は、

――極楽世界（スカーヴァティー）――

である。文字通りに「楽の極まる世界」であり、「浄らかな土地」である。それ故、それは「浄土」なのだ。そして、法蔵菩薩は、自分に救済を求める者がいれば、誰でもこの極楽世界に生まれることができるようにしようと考えた。

『無量寿経』によると、法蔵菩薩は四十八願をたてたのであるが、その中でも代表的な願が次の第十八願である。

設我得仏、十方衆生、至心信楽、欲生我国、乃至十念、若不生者、不取正覚。唯除五逆、誹謗正法。

〔設《たと》い我《われ》、仏となるを得んとき、（その後）十方の衆生が至心《ししん》に信楽《しんぎょう》して、我が国に生れんと欲して、乃至《ないし》十念せんに、若《も》し（彼ら衆生がわが浄土に）生れずんば、（われは）正覚を取らじ。唯《た》だ、五逆《ごぎゃく》（の罪を犯す者）と正法《しょうぼう》を誹謗する（者）とを除く〕

もしわたしが仏になることができても、わたしに救済を求める人がわたしの仏国土に生まれることができないようであれば、わたしは仏にならない。そのような願である。そして、そのような願をたてて法蔵菩薩は仏道を歩んで、阿弥陀仏という仏になった。だから、われわれが阿弥陀仏に救済を求めれば、必ず阿弥陀仏の仏国土である極楽世界に往き生まれることができるのだ。論理的にそうなる。

これが阿弥陀仏とその仏国土・浄土である極楽世界なのである。

▼阿弥陀仏は理想仏

さて、ここに登場する阿弥陀仏は、これまでになかったまったく新しいタイプの仏である。われわれの知っている仏は、二三ページの図を見ていただきたいが、宇宙仏のメッセンジャーとしての釈迦如来である。二三ページの図では〝如来〟という表記になっているが、これは仏と同じである。このメッセンジャーとしての仏を、

——分身仏——

と命名してもよい。そうすると、釈迦は宇宙仏の分身仏であるのだ。そして、宇宙仏を毘盧遮那仏（盧舎那仏）と名づけ、その宇宙仏について論じた経典が『華厳経』である。一方、分身仏である釈迦仏も、じつは宇宙仏の分身であるから永遠の存在である。その釈迦仏の永遠性（久遠実成の仏）について述べた経典が『法華経』である。

その宇宙仏・分身仏に対して、阿弥陀仏はまったく別タイプの仏である。このタイプの仏を、われわれは、

――理想仏――

と名づけようと思う。阿弥陀仏は、もとは法蔵菩薩という人間であったが、修行（仏道を歩く）によって仏となった存在だ。われわれの理想であり、模範となる存在だからである。そして、理想仏は阿弥陀仏にかぎらない。後世になると薬師仏《やくしぶつ》――正しくは薬師琉璃光如来《るりこう》――が登場する。この薬師仏は衆生の病苦を除く仏と信じられている。そして東方に浄瑠璃《じょうるり》世界という浄土を持っている。

中国・日本の仏教ではあまり有名にならなかったが、インドでは阿閦仏《あしゅくぶつ》の信仰が盛んであった。この仏も東方に妙喜国という仏国土を持っている。

ともあれ、かくて仏に宇宙仏・分身仏・理想仏の三タイプがあることが分かった。じつは、この三タイプの仏が仏教が考える、

――三身説――

であり、それぞれ専門用語がある。

1　法身仏《ほっしんぶつ》（ダルマ・カーヤ・ブッダ）……法（ダルマ。宇宙の真理）を身体（カーヤ）とした仏の意で、われわれのいう「宇宙仏」である。この法身仏は絶対的真理そのものをさし、永遠不滅ではあるが、時間と空間の中には存在していない。すなわち人格性を持たないのである。

2　応身仏《おうじんぶつ》（ニルマーナ・カーヤ・ブッダ）……さまざまな衆生を救済するために、その衆生に応じて身体を現わされる仏。これはわれわれのいう「分身仏」である。応身仏は人格性を持っているが、それがために無常の存在であり、入滅する仏である。

3　報身仏《ほうじんぶつ》（サンボーガ・カーヤ・ブッダ）……仏となるための行を積み、その報いとして仏身を獲得した仏。これがわれわれのいう「理想仏」である。

以上を図（一四五ページ参照）でもって示しておく。

なお、三身説はこのほかにもある。ここでは代表的なものとして、「法身・応身・報身」のみを紹介しておいた。

▼阿弥陀仏信仰の起源

ともかく、阿弥陀仏は、釈迦仏とはまったく違った存在である。

では、なぜ大乗仏教は、このような仏を考えだしたのであろうか……？

阿弥陀仏とその仏国土である極楽世界の起源に関しては、研究者のあいだでさまざまな仮説が出されている。それらのうちには、極楽世界の源流をインド以外の地に求めるものがある。

だが、わたしは、それを仏教の内部からの発生と考えたいのである。

そう考える根拠は、釈迦の説法にある。『律蔵』（マハーヴァッガ）によると、釈迦は在家の

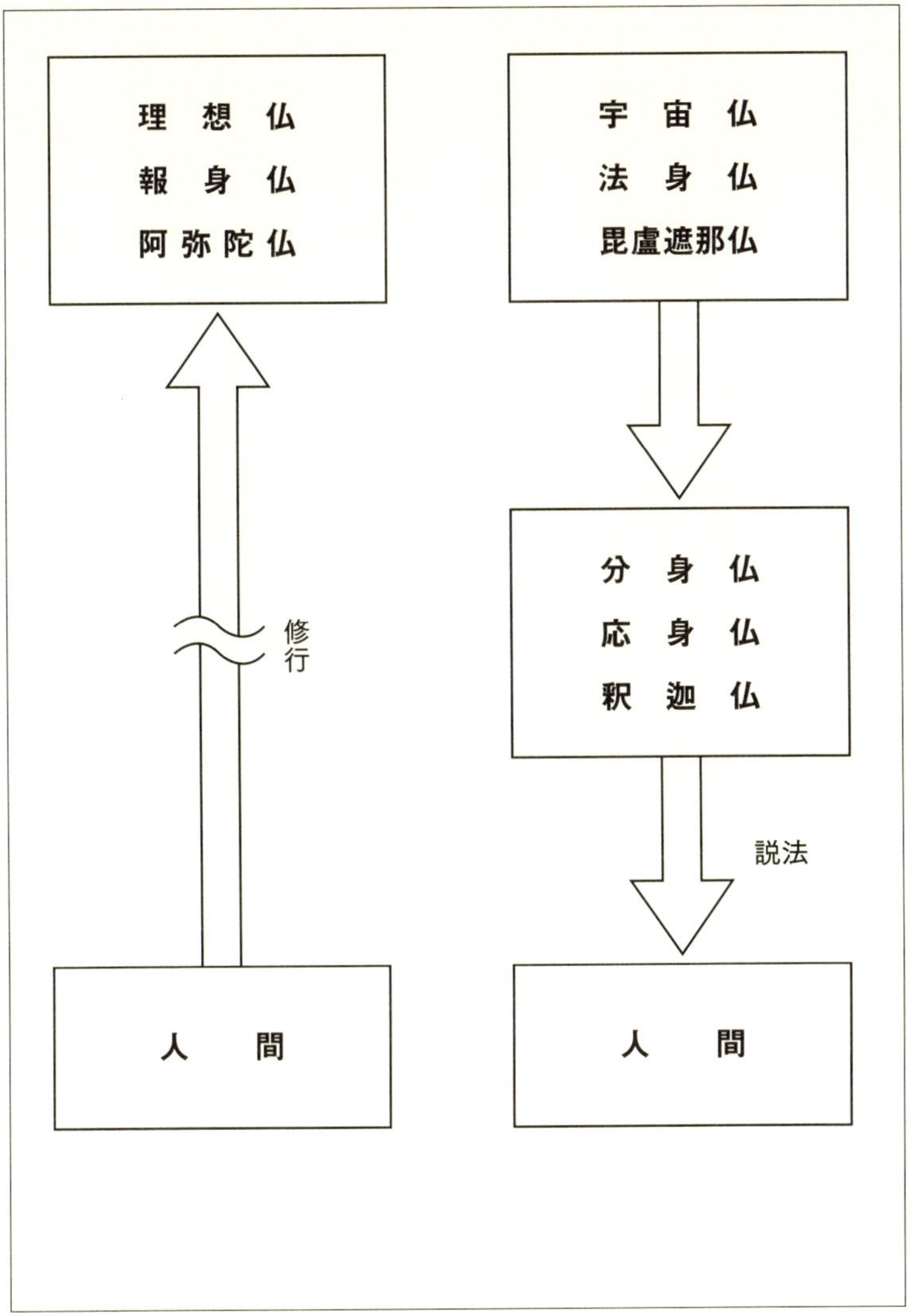
理想仏
報身仏
阿弥陀仏
修行
人間
宇宙仏
法身仏
毘盧遮那仏
分身仏
応身仏
釈迦仏
説法
人間

人間に法を説くとき、まず最初に
——施論・戒論・生天論——

を説いている。それは、たとえばヴァーラーナシーの良家の子であるヤシャ（パーリ語だとヤサ）に対する説法がそうであった。ヤシャに対する説法は、鹿野苑《ろくやおん》（ムリガダーヴァ）における釈迦の初転法輪（はじめての説法）に続くものである。初転法輪は、釈迦の旧知の修行仲間五人に対して行なわれたものだ。彼らはすでに出家修行者であった。いわばプロを相手に行なわれたのが初転法輪。それとくらべると、ヤシャは良家の子であり、在家の人間である。したがってアマチュア。アマチュアを相手に説法するとき、いきなり仏教教理を説くわけにはいかない。それで釈迦は、いわば地均《じなら》しの意味で、「布施」と「戒」と「生天の思想」を説かれたのである。

「布施」というのは、日常生活の中で、ちょっとぐらい損をしてもいいではないか、といった心構えをもつことである。われわれは得をしたい・損はしたくないといった気持ちできゅうきゅうとしている。それだと宗教心は芽生えてこない。少しぐらいは損したっていいという布施の心があってこそ、そこから宗教心が育つのである。

「戒」は、前にも言ったように、いわば羅針盤である。

そして「生天の思想」は、輪廻転生を信じるインド人にあって、来世は天界に生まれたいと願う気持ちを抱くことである。釈迦は、在家の人間に対しては、涅槃だとか解脱だとかを教えず、この「生天の思想」を教えておられるのである。

そこで、この「生天の思想」をもう少し発展させるとどうなるだろうか……？

わたしは、たぶん大乗仏教徒は、最初、兜率天《とそつてん》という天界に憧れたのだと思う。兜率天は、未来仏である弥勒《みろく》菩薩（マイトレーヤ）が住む天界である。弥勒菩薩はこの兜率天における生を終えると、われわれ人間界に生れ仏となられる。そういう信仰がすでに「阿含経」の中で説かれている。しかし、兜率天における寿命は長い。計算すると五億七千六百万年になる。これをどこで計算をまちがえたのか、後世になると、弥勒菩薩の出現は五十六億七千万年後とされるようになった。まあ、とんでもない年数である。

この弥勒菩薩のおられる兜率天に往生したいという願望・信仰が民衆のあいだに芽生えてきた。これはインド人であれば、当然に抱く願望である。なぜならインド人は輪廻転生を信じており、誰だって来世は天界に生まれたいと願っているのだから。そして、仏教徒であれば、やはり天界のうちでも仏教に縁の深い未来仏がおられる兜率天に憧れるのはきわめて自然である。

だが、兜率天への往生は、究極的な解決にはならない。なぜなら、兜率天における生存が終われば、人間は再び輪廻する。天界は永遠の世界ではない。天界に生れても、その次に地獄に生まれる可能性がある。それが輪廻というものである。

そこで考え出されたのが、阿弥陀仏の浄土である極楽世界だ。

極楽世界に往生すれば、そこには阿弥陀仏がおられる。われわれは阿弥陀仏に導かれて、そこにおいて仏になることができる。

それが阿弥陀仏信仰である。

したがって、阿弥陀仏とその仏国土である極楽世界の信仰は、仏教の内発的要請に応えて形成されたものである。わたしはそのように考えている。

第6章

大乗仏教の基本教学

▼阿羅漢学派は仏教にあらず

大乗仏教こそが真の仏教である。

いわゆる小乗仏教と呼ばれているもの——われわれの命名だと阿羅漢学派であるが——は、仏教ではない。

これが本書の基本的立場である。

そのことを、ちょっと儒教との比較で考えてみよう。

儒教が宗教であるか否か、古来、議論の岐れるところである。そもそも宗教とは何か、学者によって定義が違う。だから、その定義によって儒教が宗教であるかどうか、結論が違ってくるのは当然であるが、まあだいたいにおいて儒教は宗教でないというのが通説のようである。

『マイペディア』は、「儒教」を次のように解説している。

《孔子の教説を中心として成立した儒家の実践的倫理思想とその教学の総称。学術面を強調して〈儒学〉とも、開祖の名をとって〈孔子教〉(英語でConfucianism)ともいう。漢の董仲《とうちゅう》舒《じょ》の献策によって国教となって以来、中国の代表的な思想で、朝鮮・日本にも大きな影響を与え続けた。孔子は礼による社会秩序の回復を目的とし、《書経》の学習によって先王の道を知り、実践的徳目としての仁を行うことを説いた。……(以下略)》

この解説は、まさに阿羅漢学派にぴったりである。儒教・儒学が孔子という歴史的人物の教説を中心に構築された教学体系であるように、阿羅漢学派(あるいはこれを〝阿羅漢学〟と呼ぶことも許されそうである)は歴史的人物である釈迦の教説を中心として、阿羅漢となるための実践理論を集大成した教学である。それは宗教ではない。あくまでも、

——阿羅漢になるために、阿羅漢によってつくられた実践理論——

なのであった。阿羅漢というのは出家者だから、阿羅漢学は「出家至上主義」の教学であると言わねばならない。

そして、阿羅漢学は、最初のころは阿羅漢になるための実践理論であったが、後世になると実践の面が忘れられて、理論のための理論、教学のための教学になってしまった。そうな

ったのは阿羅漢学の教団が多数の部派に分裂した時代以降であり、アショーカ王の登場以後である。そして、そのように教学のための教学としてつくられた文献を阿毘達磨ということは、すでに九五ページに触れておいた。この阿毘達磨はまた「論」「論書」とも呼ばれる。

仏教の典籍を総称して「三蔵」と呼ぶが、三蔵は「経蔵」「律蔵」「論蔵」の三つをいう。〝蔵〟のサンスクリット原語は〝ピタカ〟であり、これは「籠《かご》」といった意味である。仏教の典籍を三つに分類して籠に収納した（漢訳だと蔵《くら》に収めた）わけである。そして、「経蔵」と「律蔵」の原形は王舎城結集のときつくられたが、「論蔵」（阿毘達磨）は阿羅漢教団が部派に分裂してのちにつくられたものである。

それにしても、阿毘達磨——阿羅漢学——で論じられている事柄は、あまりにも瑣末的である。たとえば、仏の肉体は有漏《うろ》か無漏《むろ》か、といったような問題である。〝漏《ろ》〟（サンスクリット語だと〝アースラヴァ〟）とは煩悩と同義だと思って差支えない。すなわち、仏の肉体は煩悩をともなうものか否かの論題である。これに対して上座部系の有部（説一切有部）は、ある婆羅門の女性が釈迦を見て愛欲の心を起こしたから仏身は有漏であると主張する。ところが、大衆部は、仏身の無漏を主張し、釈迦仏の美しい肉体を見れば、愛欲の火は鎮められると言う。そのような教学論争を展開しているのが阿毘達磨なのである。

このような阿羅漢学は仏教ではないし、宗教ですらないとわたしは思う。

▼インドにおいては阿羅漢学のほうが優勢

たしかにそれはそうであるが、だからといってわれわれは阿羅漢学の存在を無視ないし軽視してはならない。

なぜならば、インドにおいては、大乗仏教が興起したのちも、小乗仏教（われわれは阿羅漢学と呼んでいるが、ここのところは論述の都合上〝小乗仏教〟にしておく）のほうが大きな勢力をもっていたからである。

そのことは、インドに旅した中国僧の法顕と玄奘の旅行記によって証明される。

まず、三九九年に長安を出発した法顕であるが、彼の旅行記である『仏国記』には、当時のインドには小乗寺・大乗寺・大小兼学寺の三種類があったとの報告がある。平川彰著『初期大乗仏教の研究』によると、大小兼学寺というのは、おそらく大乗系の人であったらしい。それは、小乗系の人は新興宗教である大乗仏教の教学を学ぶ必要はない。けれども、大乗系の人間は、既存の小乗仏教の教学を学ぶ必要があるからである。で、この大小兼学寺を大乗寺と見做しても、小乗寺のほうが大乗寺よりも数が多いのである。だから、大乗仏教が興起して数百年後のインドにおいても、なお小乗仏教のほうが大乗仏教よりも勢力があったわけである。

次に玄奘である。玄奘が長安を出発したのは六二九年。したがって、玄奘と法顕のあいだには二三〇年の歳月がある。玄奘の旅行記である『大唐西域記』について、平川彰の前掲書は左のように言っている。
《玄奘の『大唐西域記』は十二巻の大冊であり、記述は詳細をきわめている。そこでは学派の名を示す場所が九九ヶ所ほど示されている。その中、小乗を学ぶ所が六十ヶ所、その内訳は説一切有部が十四ヶ所、正量部が同じく十九ヶ所、その他の上座部や大衆部等、あるいは単に「小乗」と記して所が合して二十二ヶ所である。つぎに大乗上座部となす所が五ヶ所ある。大乗を学ぶ所は二十四ヶ所、大小兼学の所は十五ヶ所示されている。割合から言えば、小乗が六割、大乗が二割四分、大小兼学が一割五分である。しかし大小兼学を大事に加えれば、大乗の割合いは大きくなる》

でも、計算によっては大乗の割合いは大きくなるかもしれないが、小乗のほうは六割（九十九のうち六十）もあるのだ。だから、大乗は四割を超えることはない。どう計算したって、大乗が小乗を上回わることはない。小乗仏教の優勢は動かしようのない事実である。

このあと、中国からインドに赴いた僧に義浄（六三五―七一三）がいる。義浄は玄奘よりも四十数年遅れて出発したのであるが、彼の旅行記である『南海寄帰内法伝』には、大乗仏教と小乗仏教の区別があまり明確に書かれていない。いったい、これはどうしてであろうか……？

考えられることは、わずか半世紀にもならないあいだに、仏教の密教化が急速に進んだためであろう。「密教」および「密教化」の意義についてはあとの章で述べる。ここでは、それを「民衆化」「ヒンドゥー教化」だと思っていただきたい。すなわち、仏教そのものが民衆化してヒンドゥー教に近いものになったのだ。そうすると、大乗だとか小乗だとかといった区別はなくなる。それが玄奘と義浄との時代の差である。

だから、仏教がまぎれもない仏教であったあいだは、大乗仏教よりも小乗仏教（阿羅漢学）のほうが終始優勢であった。そう結論せざるを得ない。それ故、阿羅漢学を無視あるいは軽視できないのである。

でも、われわれの関心は阿羅漢学にはない。阿羅漢学の煩瑣な教学を学ぶことはやめよう。われわれは大乗仏教こそが真の仏教だと信じて、大乗仏教の歴史を学ぼうとしている。しかし、だからといって、インドにおいても、中国や日本と同じように大乗仏教が仏教の主流であったと早合点はしないでほしい。主流であったのは阿羅漢学・小乗仏教であったことを忘れずにおいてほしいのである。

▼大乗仏教の基本的性格

さてと大乗仏教である。

大乗仏教は基本的には民衆による新しい宗教運動であった。

民衆というのは在家信者であって出家者ではない。

在家信者の集まりの拠点となったのは、インドの各地に建立されたストゥーパ（仏塔）であった。そのストゥーパは、最初、アショーカ王によって建立されたが、その後もさまざまな王によって新しいストゥーパが建立されている。また、商工業者などによって建立されたストゥーパも、インドの各地に多数建立された。

ただし、ストゥーパを拠点に集まって来た在家信者たちだけによって大乗仏教が形成されたのではない。彼らは宗教の教学にはアマチュアであって、アマチュアだけでは大乗仏教の教理・教学はつくることができない。ましてや、その教理・教学を表明する経典はつくれないのである。それをつくるには、大勢のプロの関与が必要である。

そのプロは、もちろんストゥーパを維持・管理する専従職員が大部分であった。が、ほかにも、たとえば山林で修行する人々がいた。ストゥーパの維持・管理者が山林に入って修行する場合もあり、山林修行者がストゥーパの維持・管理者を指導する場合もあったに違いない。

さらに、阿羅漢学の教団の人が、比丘・比丘尼をやめてストゥーパ教団の人になるケースもあっただろう。逆に、ストゥーパ教団の人が阿羅漢学派の教団（小乗仏教教団）に入り、そこで修行したのち再び大乗仏教の人間になる場合もあったと推定される。その意味では、大乗仏教と小乗仏教の交流はひろく行なわれていたのである。

繰り返し注意しておくが、大乗仏教といっても一つの教団組織があったのではない。広いインドの各地に、それぞれの特色をもった大乗仏教のグループが誕生し、それらが互いに影響を与え合って発展していったのである。そして最後まで、一つの教団に統合されることはなかった。種々さまざまな大乗仏教のグループがあったわけだ。その点では、単一の教団組織であった阿羅漢学派がのちに分裂して多くの部派になったのと、ちょうど逆になっているのである。

だとすると、大乗仏教を一つの「大乗仏教」として論ずることはできないのであろうか？たしかに、教団——民衆の宗教活動を統合する組織——としては、大乗仏教の教団なんてものは存在しなかった。それはまちがいない。けれども、

——学派——

としては、大乗仏教の学派はあったのである。すなわち、大乗仏教の教理・教学を研究する機関（僧院）はつくられていたのである。そのような寺院がインドのあちこちにあり、小乗仏教の僧院における阿毘達磨教学の研究と同じように、大乗仏教の教学の研究がなされていた。また、五世紀のグプタ王朝の時代になると、クマーラグプタ一世の後援によって、ナーランダーの地に仏教の大僧院が創建されている。これはいわば「仏教大学」というべきものであって、ここにおいて大乗仏教の教学が小乗仏教のそれと並んで講義されている。だから、そういう意味では、大乗仏教を一つのまとまった宗教として扱ってよいのである。

▼大乗仏教の大論師・龍樹

われわれは一三一ページで、龍樹（ナーガールジュナ）の著作にその名が出てくる大乗経典を初期の大乗経典とすることを述べておいた。龍樹は初期大乗仏教を確立させた大論師とされているが、ここで龍樹について解説する。

龍樹の生存年代は、日本においては一五〇年から二五〇年のあいだとする説が有力である。そして、彼は南インドの出身だとする説もあるが、これについては詳しいことは分からない。

一説によると、龍樹の生地はデカン高原のヴィダルバ地方であったとする。彼は婆羅門教の家系に生れ、若き日には婆羅門教の教学を修めたという。なんでも隠身《おんしん》の術を学び、それを使って王宮に忍び込み、後宮の美女たちを犯しては楽しんだ。だが、それが発覚して、危うく彼は殺されかかる。そこで彼は、愛欲は苦しみの原因であり、いっさいの禍の根であり、すべての災厄は愛欲より生じると悟って、家を出て山に入り、その後ストゥーパに参詣して出家受戒をしたという。このときの出家は、小乗仏教の説一切有部《せついっさいうぶ》（有部ともいう）系の教団においてであったといわれている。

と言えば、疑問に思われる読者もおいでになるであろう。本来、ストゥーパを維持・管理していたのは在家信者であり、阿羅漢学派の教団にはストゥーパはなかった。ところが、仏塔崇拝の風潮が高まり、ストゥーパへの参詣人が増えてくると、阿羅漢学派の教団もこの風潮を無視できず、みずからのサンガの中にストゥーパを建立するようになった。もっとも、そのストゥーパを出家者は直接維持・管理できない。サンガの中に出家者でない在家の人間を住まわせて、その在家人にストゥーパの維持・管理をさせたのである。で、そうすることによって、阿羅漢学派のあり方はだいぶ大乗仏教に近づいたわけである。わたしは、阿羅漢学派のサンガの中にストゥーパが建立されたころ（それが何世紀のころか、正確には分からない。が、龍樹のころ、すなわち二、三世紀のころにはそうなっていたことはまちがいない）をもって、阿羅漢学派が小乗仏教に変形したとしたい。阿羅漢学派は仏教ではないが、ストゥーパ（仏塔）が併設されるようになれば、それを「仏教」の名で呼ぶことも許されるからである。

ちょっと横に免れたが、ともかく龍樹は小乗仏教において出家受戒をしたらしい。しかし、彼は、小乗仏教の教理・教学では満足できず、大乗経典を求めてインドの各地を遊歴した。伝説によると、彼は雪山《せっせん》（ヒマラヤ）に行き、そこのストゥーパにおいて老比丘から大乗経典を授かったという。当時の大乗仏教の中心地は西北インドであったから、南インド出身の龍樹は西北インドに行く必要があったのである。それで、そのような伝説がつくられたと思われる。

また、龍樹は南海の龍宮に行って、そこで多数の大乗経典を得たという伝説もある。しかし、これは、伝説以外の何ものでもなさそうだ。

そして、晩年は、龍樹は再び南インドに帰って来た。彼はアンドラ朝（サータヴァーハナ王朝）の庇護を受けて、クリシュナー河中流の黒峰山に住し、最後はナーガールジュナコンダで亡くなったと伝えられる。しかしこれもたんなる伝説であって、一九五四年から六〇年にかけてナーガールジュナコンダの遺蹟の大規模な発掘が行なわれたが、龍樹に結びつく遺品は発見されなかったのであった。

▼龍樹の著作

日本において龍樹は「八宗の祖師」と崇められている。八宗とは、
南都（奈良）の六宗……華厳《けごん》宗・律宗・法相《ほっそう》宗・三論宗・成実《じょうじつ》宗・倶舎《くしゃ》宗
北京（平安）の二宗……天台宗・真言宗
を合わせた八つの宗教である。日本仏教の根幹となった八宗が、いずれも龍樹を祖師として仰いでいるのである。いかに龍樹が後世の仏教に深い影響を及ぼしたか、これを見ても分かるであろう。

龍樹には数多くの著作がある。

1　『中論《ちゅうろん》』四巻……この『中論』が龍樹の代表作である。だが、龍樹がつくったのは、『中頌《じゅ》』（あるいは『根本中頌』）と呼ばれている簡潔な偈頌《げじゅ》の部分のみであった。この『中頌』に、後世の中観《ちゅうがん》派の学匠であるピンガラ（漢訳仏典では〝青目《しょうもく》〟と呼ばれる）が付けた註釈を加えて、中国の羅什《らじゅう》（鳩摩《くま》羅什《らじゅう》）が漢訳したものが、今日一般に『中論』と呼ばれているものである。

2　『十二門編』一巻。

3　『大智度論』百巻。……本書は、『摩訶般若波羅蜜多経《まかはんにゃはらみったきょう》』（『大品《だいほん》般若経』）の注釈書である。数多くの経典からの引用がなされ、「仏教百科事典」ともいうべき著作。したがって、大乗仏教の教理の理解に不可欠の書とされている。羅什訳。

4　『十住毘婆沙論』十七巻。……『華厳経』の「十地品《じゅうじぼん》」に対する注釈書。羅什訳。

5　『廻諍論《えじょうろん》』一巻。

6　『宝行王正論《ほうぎょうおうしょうろん》』一巻。……龍樹がサータヴァーハナ王家のために、大乗仏教の立場から説いた政道論。王者としてなすべき仏道修行が示唆されている。現実政治の問題を扱った大乗仏教の論書として注目される。真諦三蔵《しんだいさんぞう》訳。

このほか、龍樹の著作とされているが真偽の判定のつかないものが数多くある。また、サンスクリット語の原典は見つかっていないが、チベット語訳、漢訳で龍樹の著作とされているものも多数ある。それらを合わせるとかなり厖大な著作量であって、とても一人の学者の著述とは思えない。そんなわけで、昔から龍樹二人説、三人説がある。〝龍樹〟の名を持つ学者が複数いたというのである。しかし、まあ、そこまで勘繰る必要はあるまい。われわれは二、三世紀のインドに、

——龍樹（ナーガールジュナ）——

という名のすごい仏教学者がいたとしておきたい。

▼龍樹の「空」の哲学

龍樹は「空《くう》」の哲学の完成者である。彼は「空」の哲学でもって、大乗仏教の教理・教学を基礎づけたのである。彼のこの基礎づけによって、インドの各地でバラバラに展開されていた大乗仏教の運動が、思想的に統合されたわけだ。その意味で、大乗仏教における龍樹の功績は絶大であった。

では、いったい「空」とは何か……？

「空」については、第五章においてある程度解説しておいた（とくに一二四ページ以下参照）。要約して言えば、「空」とは、

——事物を固定的・実体的に見ないものの見方——

——有と無を超越したものの見方——

である。

わたしたちは、災難や不幸に直面したとき、なんとかしてそれを克服したいと思う。だが、それは、災難や不幸を固定的・実体的に捉えているのだ。実際には、さまざまな縁によって災難・不幸が生じたのであって、縁が変われば災難・不幸は消滅してしまう。それが、災難や不幸が「空」であるということだ。したがって「空」というのは「縁起」と同じである。事物はさまざまな縁によって生起するというのが「縁起」であり、そしてそれが同時に「空」である。

このことを、龍樹は『中論』（第十章）において次のように言っている（中村元訳による）。

《もしも、「薪《たきぎ》がすなわち火である」というのであれば、行為主体と行為とは一体であるということになるであろう。またもしも「火が薪とは異なる」というのであれば、薪を離れても火が有るということになるであろう。

また〔火が薪とは異なったものであるとすると、火は〕永久に燃えるものであるということになり、燃える原因をもたないものであるということになるだろう。さらに火をつけるために努力することは無意味となってしまうであろう。そういうわけであるならば、火は作用をもたないものとなる》

ちょっとややこしい哲学論議に聞こえるが、龍樹が言いたいことはお分かりいただけるであろう。すなわち、火は薪に依存して火であり、火に依存して薪があるのである。絶対的な「火」そのものなんてどこにもない。絶対的な「火」そのものがあるのであれば、それは永遠に消えることもないし、また火をつける必要もなくなる。したがって、火は「空」であり、薪もまた「空」である。龍樹はそのように言いたいのである。

ところで、すべてが「空」であるということは、すべてが「縁起」的存在であるということになるが、言葉を変えるとそれは、

——無《む》自性《じしょう》——

になる。いっさいのものは自性をもたないのである。火は「火」という自性をもたない。水は「水」という自性をもたない。だから、水は水蒸気になったり、氷になったりする。あるいは、自性を「自己同一性」と呼んでもよい。わたしなどは、つくづく〈自分も老人になったなあ……〉と思うが、自己が自己であるかぎり（自己同一性であれば）、自己は老人に変わるわけがないし、老人に変わったのであれば自己は存在しないのである。ということは自己同一性はないのであり、無自性なのだ。

それ故、「縁起」と「無自性」と「空」は、まったく同じものである。龍樹のいう「空」は、そのようなものである。

▼真諦と俗諦の二諦説

そうすると、われわれはいっさいの言語活動ができなくなるのではないか。

「彼はノッポである」といった表現は、正しくいえば、「彼は彼より背の低い者にくらべて背が高い」となるはずであり、それじゃあ彼がノッポなのかチビなのかが分からなくなる。太陽が東から昇るというのもまちがいで、ある時刻になれば地球の自転運動によって東の空に太陽が見えると言わねばならない。いや、そう言ったところで、たとえば雲があれば太陽は見えないのだし、何百億年かの未来には太陽も消滅するかもしれない。そうすると、われわれわれは「現在のところは……」といった限定をいちいち付け加えねばならない。

ともかく、われわれは絶対的に正しい立言はできそうにないのである。

そして、そのことを、龍樹は、

——二諦説《にたい》——

でもって主張したのである。

〝諦〟とは「真理」の意。龍樹は「真理」に二種類があるとした。その二つの真理が「真諦」と「俗諦」である。

「真諦」は、また「勝義諦」「第一義諦」と呼ばれ、高次元の真理である。「仏の世界における真理」である。

「俗諦」は、また「世俗諦」ともいう。日常的次元における真理であって、「凡夫の世界における真理」である。

いいや、そういう説明よりも、「真諦」は言葉でもって表現できない真理だとしたほうが分かりやすいだろう。それに対して「俗諦」は、言葉によって表現された真理。

じつは、人間の言語は、すべて分別《ふんべつ》を前提にしたものである。ここでいう〝分別〟は、一般に使われている世間的な知恵・弁《わきま》えではない。それはむしろ差別と同義である。人間の言語は本質的に「長／短」「美／醜」「大／小」「善／悪」「明／暗」等々といった対立概念を前提にしている。だから、ある女性を「あなたは美人だ」と褒めるなら、その横にいる女性に「あなたは美しくない」と言ったと同じことになる危険がある。注意せねばならない。いや、いくら注意したって、そういう誤解は防ぎようがない。人間の言葉とはそういうものだとあきらめるよりほかなさそうだ。

ともあれ、人間の言語は分別を前提にしている。しかし、「空」というものは、いっさいを分別しないものの見方である。とすると、人間の言葉でもって「空」の世界を表現できなくなる。「空」の世界とは仏の世界である。その仏の世界の真理は人間の言葉でもっては表現できない。表現できないというより、人間は仏の世界の真理を了解できないのである。

▼般若波羅蜜によって諸法実相が知られる

では、その仏の世界の真理――真諦――を、われわれはどのようにして知ることができるか？

じつは、その仏の世界の真理のことを、大乗仏教においては、

――諸法実相――

と呼んでいる。〝諸法〟とは宇宙に存在するあらゆる事物である。〝実相〟とはあるがままの姿であり、真実のありようである。したがって諸法実相とは、宇宙の真理の姿だということができるであろう。

ところで、『法華経』という経典においては、

《仏の成就せる所は、第一の希有《けう》なる難解《なんげ》の法にして、唯《ただ》、仏と仏とのみ、乃《すなわ》ち能《よ》く諸法の実相を究《きわ》め尽せばなり。》（方便品）

と言っている。仏が覚られた真理はきわめて難解であって、ただ仏と仏だけがこれを了得できる、というのである。すなわち、諸法実相（諸法の実相）は、われわれ人間にはそれを理解できない。『法華経』はそう考えているのだ。

それに対して龍樹は、『大智度論』（巻十八）において、諸法実相を知る智慧が般若波羅蜜《はんにゃはらみつ》であると言っている。じつをいえば、〝諸法実相〟といった言葉は鳩摩羅什の訳語である。『法華経』（『妙法蓮華経』）も『中論』も『大智度論』も、いずれも鳩摩羅什によって訳されている。しかし、『法華経』と龍樹の著作（『中論』と『大智度論』）とでは、〝諸法実相〟と訳されている部分の原語が違っている。細かなことを言えば、『法華経』と『大智度論』を単純に比較してはいけないのであるが、その詮索はやめておく。ともかく龍樹は、

——般若波羅蜜——

によって諸法実相が知られるとしたのであった。

では、般若波羅蜜とは何か？　これは無分別智である。

無分別智は分別智に対比されるもので、分別智がわれわれ人間の勝手な都合で事物をあれ

これと分別（差別）して捉える知恵であるのに対して、無分別智は事物をあるがまま・そのままに捉える智慧である。ここで〝智慧〟と〝知恵〟の表記を区別しておきたい。すなわち〝智慧〟は無分別智であり、〝知恵〟は分別智である。もう少し付け加えるなら、〝般若波羅蜜〟はサンスクリット語の〝プラジュニャー・パーラミター〟の訳語であり、〝プラジュニャー〟は「智慧」、〝パーラミター〟は「完成」の意である。したがって、智慧は般若と同じものである。

われわれが普通にもっている知恵（分別智）は、人間の勝手な都合で事物をあれこれ分別して捉えるものだ。たとえば、ある水族館で、飼育している魚の餌に金魚を使っていた。すると来館者からクレームがくる。かわいい金魚が餌に食べられるのは残酷だ、というのである。そこで水族館側は、餌をドジョウに替えた。そうすると誰も文句を言わないのである。金魚が食べられるのは残酷だが、ドジョウが餌にされるのは残酷ではないというわけだ。それが分別であり、そのような分別の知恵が分別智である。水族館側にすれば、金魚は養殖金魚を使えるから安価になるが、ドジョウのほうが高くつくので迷惑なわけだ。もっとも、安い／高いというのも、これまた分別であるのであるが……。

分別智は、人間の勝手な都合による知恵である。アメリカ人はテロリストを糾弾するが、そのアメリカが日本の広島・長崎に原爆を落とした。あれはまぎれもなくテロ行為であるが、そのテロ行為をアメリカ人は是認する。われわれ日本人も、殺人犯は人間の生命を奪ったという理由で糾弾しながら、その殺人犯の生命を奪う死刑は容認している。分別智というものは矛盾だらけである。

それに対して、いっさいの事物を分別しないで、あるがまま・そのままに見ることのできる智慧が無分別智である。

では、どうすれば、われわれはその無分別智でものを見ることができるようになるか……？

▼六波羅蜜は大乗仏教の修行論

般若波羅蜜というのは「智慧の完成」である。そのことは前に述べた。けれども、この「完成」は普通の意味での完成ではない。なぜなら、般若は諸法実相を知る智慧であり、『法華経』が言うように、諸法実相は仏だけが知ることのできるものであるからだ。仏だけが知ることのできる智慧は、すなわち仏の智慧である。そのような仏の智慧——般若——を、われわれ人間がもてるわけがないのである。

だから、われわれは般若を完成させることはできない。

われわれにできるのは、般若を完成させていく方向への歩みだけである。

それは永遠に完成されることはない。ただ完成に向かって歩み続ける。それが般若である。

阿羅漢学派（小乗仏教）において、阿羅漢は悟りを開いた存在とされる。その意味では、彼らが考える究極の「知恵」を完成させた人間である。けれども、完成された「知恵」は般若ではない。般若は、未完成の智慧である。

そこで次なる問題は、われわれはいかにしてこの般若を完成させていくかである。

それは、ほかでもない、

――六波羅蜜――

の実践によってである。すなわち、
1 布施波羅蜜。
2 持戒波羅蜜。
3 忍辱波羅蜜。
4 精進波羅蜜。
5 禅定波羅蜜。
6 智慧波羅蜜。
といった六つの波羅蜜を実践することである。そうすると般若波羅蜜が得られるわけである。いや、般若波羅蜜が得られるのではない。われわれは六波羅蜜を実践することによって、般若波羅蜜（般若の完成）の方向に向かって少しずつ動いて行くのだ。

ところで、〝般若〟というのは「智慧」である。サンスクリット語で「智慧」を意味する〝プラジュニャー〟（その俗語形の〝パンニャー〟）を音訳して〝般若〟としたのであった。では、六波羅蜜のうちの「智慧波羅蜜」と「般若波羅蜜」はどう違うのか？

両者に違いはない。同じものだとしてよいのであるが、わたしは両方をいちおう区別して考えている。どう区別するかといえば、わたしたちが日常生活の中で智慧波羅蜜を含めた六波羅蜜を実践しているうちに少しずつ完成していくのが般若波羅蜜である、とするのだ。したがって、般若波羅蜜のほうが智慧波羅蜜よりも少し次元の高い「智慧」だと思っていただきたい。そして、この般若波羅蜜によって、われわれは諸法実相を知ることができるのである。それがわたしの考えである。


この六波羅蜜は、なにも大乗仏教になってから急に言われだしたものではない。すでに阿羅漢教において、釈迦の前生の修行の物語である「ジャータカ」の中で、この六波羅蜜の修行が説かれていた。釈迦は前生の段階においては菩薩である。まだ仏にはなっていない。したがって、「ジャータカ」は菩薩の修行を論じた経典である。その菩薩の修行としての六波羅蜜を、大乗仏教は積極的に摂《と》り入れてみずからの修行論としたのであった。

それ故、六波羅蜜は菩薩の修行論であり、大乗仏教の修行論なのである。

▼中観派のその後
龍樹を創始者とする学派を、

――中観派（マードヤミカ）――

という。これは龍樹の著作である『中論』（正しくいえば『根本中頌』）に基づく学派である。この学派の主張は、すでに述べたように、

1 縁起説……あらゆるものは因縁（原因と条件）によって生起するものである。
2 無自性説……固定的・実体的に存在しているものはない。
3 空性説……すべては「空」である。
4 中道説……極端に偏ったものに執着しないこと。

である。このような主張にもとづいて大乗仏教の基本教学を確立したのが中観派である。そして、龍樹の弟子が提婆《だいば》（アーリヤデーヴァ。聖《しょう》提婆ともいう。一七〇ごろ―二七〇ごろ）である。鳩摩羅什訳『提婆菩薩伝』によると、提婆は南インドの婆羅門の出身とされる。しかし、提婆はスリランカの王家の子であったが、王位を捨てて出家をし、南インドに来て龍樹の弟子になったとする説もある。

提婆の著作には『四百論』『百論』『百字論』などがある。彼はこれらの著作でもって中観派の学説の体系化を試みた。

さらに提婆の弟子にラーフラバドラ（二〇〇ごろ―三〇〇ごろ）がいた。しかし、彼にはこれといった著作はない。

時代は遅れるが、中観派の学者には、仏護《ぶつご》（ブッダパーリタ。四七〇ごろ―五四〇ごろ）

清弁《しょうべん》（バーヴァヴィヴェーカ。あるいはバヴィヤともいう。四九〇ごろ―五七〇ごろ）
月称《げっしょう》（チャンドラキールティ。六〇〇ごろ―六五〇ごろ）

がいる。これらの学者のあいだでは「空」の思想の述べ方に違いがあり、そのため学派に分裂があった。すなわち、

スワータントリカ派……独立論証派といった意味で、論理学的な推論式でもって、「空」を積極的に論証する立場。清弁の立場。

プラーサンギカ派……帰謬《きびゅう》論証派。「空」を認めない相手の主張に過失のあることを指摘し、その主張を破斥することに「空」を主張する立場。月称の立場。

の二つの学派である。いずれにしても学問的な教学論争であり、大乗仏教の本質とはあまり関係がない。

第7章

後期大乗仏教の経典と教学

▼後期大乗経典の成立

すでに述べたように（一三一ページ参照）、龍樹の著作の中で言及されている大乗経典を初期大乗経典とする。しかし、大乗経典は、龍樹以後も多数つくられている。そこで、龍樹は言及していないが、無着《むじゃく》と世親《せしん》という兄弟学者の著作に言及されている大乗経典を中期大乗経典とする。無着と世親についてはあとで詳しく述べるが、二人は五世紀の学者である。したがって、初期大乗経典は三世紀の前半以前につくられた経典であり、中期大乗経典は三世紀の後半から五世紀にかけてつくられたものである。そして、六世紀以降に成立した大乗経典を後期大乗経典とする。後期大乗経典は、龍樹はもとより無着・世親のうちに言及のない経典である。

それぞれの代表的な経典をリストアップしておく。

初期大乗経典――

「般若《はんにゃ》経」グループ……『小品《しょうぼん》般若経』『大品般若経』『大般若経』『般若心経』『金剛《こんごう》経』等

『維摩《ゆいま》経』

『華厳《けごん》経』

「浄土経典」……『無量寿《むりょうじゅ》経』『阿弥陀《あみだ》経』『観《かん》無量寿経』等

『法華経』

中期大乗経典――

『涅槃《ねはん》経』

『楞伽《りょうが》経』

『勝鬘《しょうまん》経』

『解深密《げじんみつ》経』

後期大乗経典――
『大集経《だいじっきょう》』
『地蔵十輪経《じぞうじゅうりんきょう》』

じつは、普通は、後期大乗経典のうちに、『大日経』や『金剛頂経《こんごうちょう》』といった密教経典を含める。しかしわたしは、密教経典をここに分類しないでおく。なぜかといえば、密教そのものを大乗仏教と区別して扱いたいからである。その理由は、のちに述べる。

そうすると、後期大乗経典には見るべきものがないことになる。そこでわれわれは、中期大乗経典と後期大乗経典をひとまとめにして扱うことにしよう。すなわち、大乗経典を前期大乗経典と後期大乗経典に分類するわけだ。そのほうがすっきりするし、そのようにしても、あまり支障はないからである。

▼『涅槃経』の主張

そもそも大乗仏教は、すべての人間の救済を主張する仏教である。

阿羅漢学派＝小乗仏教は、出家者による出家者のための仏教であった。したがってそこでは、真の救済――解脱《げだつ》――は出家者にしか許されず、在家信者には一時的な安心が得られるだけで、究極の救済はないとした。大乗仏教は、そのような阿羅漢学派の閉鎖性・独善ぶりに反撥し、在家信者にも出家者と同等の救済がありうると主張したのであった。そして、前期大乗経典は、そうした大乗仏教の主張を高らかに謳い上げた経典である。

で、そのような前期大乗経典のあとをうけて、後期大乗経典では、なぜすべての人間の救済が可能なのか、その理論的根拠が示される。

それは、後期大乗経典である『涅槃経』によると、

——仏性《ぶっしょう》——

である。『涅槃経』は繰り返し繰り返し、

一切衆生《いっさいしゅじょう》、悉有仏性《しつうぶっしょう》。

〔いっさいの衆生がことごとく仏性を有している〕

と言っている。生きとし生ける者（それが衆生）はすべて仏性を有している。だから、すべての人間に救済が可能である。『涅槃経』はそう言っているのである。

仏性とは、文字通りに仏の性質である。あるいは仏になる可能性といってもよいが、可能性といえば未来に属する事柄であって、現在においては仏の性質がなくなってしまう。それだと「仏性を有している」ことにはならないので、だから衆生はもうすでに仏であると言わ

ねばならない。けれども、衆生がすでに仏であれば、逆に衆生がなくなってしまう。衆生がなくなれば、衆生を救う仏が仏としてのはたらきができなくなるので、それでは困る。まあ、ここのところが「仏性論」のむずかしいところだ。

では、いったい「仏性」とは何か？　しかし、その「仏性」の考察の前に、われわれは『涅槃経』について解説しておく。

『涅槃経』は後期大乗経典を代表する経典である。

〝涅槃〟という言葉はすでに何度も出てきたが、簡単にいえば「死ぬこと」「入滅」である。釈迦は八十歳のとき、クシナガラにおいて涅槃に入られた。入滅された。その釈迦の涅槃について論じた経典が『涅槃経』である。

ところで、『涅槃経』は、

如来常住《にょらいじょうじゅう》、無有変易《むうへんやく》。

〔如来は常住にして、変易あることなし〕

と言っている。如来（釈迦仏）は永遠の存在であって、涅槃に入ることはない、というのである。

ちょっと聞くと、これはおかしな立言に思える。実際に釈迦は入滅されたのであるから、釈迦の「常住」（永遠に存在を続ける）はあり得ないからである。けれども、われわれは、たとえば『法華経』が仏の「久遠実成」を言っているのを知っている。あるいは『華厳経』においても、永遠の仏である「宇宙仏」（毘盧遮那仏）の存在が言われている。だから、『涅槃経』が「如来常住」と言っても、なにも驚く必要はないのである。

ともかく、われわれは釈迦の肉身を見て、それを仏だと思っているが、それはまちがいである。釈迦を真に仏たらしめているのは、肉身の背後にある「法」（宇宙の真理）である。それを肉身に対して法身と呼ぶのであるが、『涅槃経』は新たにそれを「仏性」と呼んだ。その仏性が仏を仏たらしめているのである。如来を如来たらしめているのは、その仏性である。そして、仏性は変化（変易）するものではないから「常住」である。永遠の存在なのだ。それが、「如来常住、無有変易」である。

そして、さらにその仏性はすべての衆生にある。もしも仏性が仏だけにしかないのであれば、仏と衆生とが断絶してしまう。そうすると仏教が仏教（仏になるための教え）でなくなってしまう。仏と衆生とを断絶させずに連続させるためには、衆生の側にも仏性がなければならない。それが『涅槃経』の、「一切衆生、悉有仏性」の主張なのである。

▼『如来蔵経』の九つの譬喩

『如来蔵経』という経典がある。これも後期大乗経典であるが、『涅槃経』よりも古い経典である。この『如来蔵経』は、

――如来蔵（タターガタ・ガルバ）――

を説いた経典である。

〝如来蔵〟はサンスクリット語で〝タターガタ・ガルバ〟である。この〝タターガタ〟が「如来」と訳されることはすでに述べてあるが、〝ガルバ〟のほうは「胎」（すなわち子宮）である。『如来蔵経』は、

一切の衆生は如来を胎に宿している。

と言っているが、つまりわれわれ衆生がみずからの身体のうちに如来を宿しているというのが「如来蔵」である。「如来を蔵《ぞう》している」と読めばいい。

とすると、「如来蔵」は「仏性」と同義である。すなわち、『涅槃経』が「一切の衆生悉《ことごと》く仏性を有している」と言っているのに対して、『如来蔵経』は「一切の衆生は如来を蔵している」と言っているのだ。まったく同じことを別の言葉で表現しているのである。

さて、『如来蔵経』は、われわれ衆生が如来蔵（仏性）を有していることを、九つの譬喩でもって説明している。参考のために紹介しておく。

1　蓮華の中の如来……『如来蔵経』は全一巻の短い経典である。その開巻劈頭で、仏が神変《じんぺん》（超能力）でもって、空中に無数の蓮華を出現させるシーンが描かれる。居合わせた菩薩たちは、いったい何が起きるか、固唾《かたず》をのんで見ている。すると、その無数の蓮華がこんどはいちどに凋《しぼ》み、それが腐ったような饐《す》えた臭いをただよわせる。蓮華は汚ない色をしている。

ところが、よく見ると、その蓮華の台《うてな》の一つ一つに小さな如来が坐禅を組んで坐わっており、光明を放っているのである。

これが如来蔵の教えである。

つまり、凋んだ花は、煩悩に汚れたわれわれ凡夫の姿。しかし、その凡夫の身体の中に、如来の身体、如来の智慧、如来の光明がそなわっているというのだ。

2　ミツバチに囲まれた蜜……蜂蜜というのはミツバチが採集した花蜜である。ところが、われわれが不用意に蜂蜜を得ようとすれば、ミツバチに刺される。だが、悧巧な養蜂家は、たくみにミツバチを追い払ってから花蜜を得る。

この譬喩において、蜜が如来蔵で、ミツバチが煩悩。煩悩を追い払えば、われわれは内なる如来蔵が得られるのである。

小乗仏教は出家主義をとり、いっさいの煩悩の克服を目指した。しかし、それはミツバチを殺してしまうようなものだ。ミツバチ（煩悩）が多いほど得られる花蜜（如来蔵）も多い。

『如来蔵経』は譬喩でもって、小乗仏教のやり方を批判しているのである。

3　籾殻に包まれた米……米は籾殻《もみがら》（外皮）に包まれている。われわれはこの籾殻に包まれた米を精白して食べている。籾殻が煩悩で、中の米が如来蔵である。

4　不浄処に落ちた金塊……不浄処とは肥溜《こえだめ》である。昔は田舎に行けば、肥料用に糞尿をためておく肥溜があったが、最近の人には分からないかもしれない。ともかく、肥溜（煩悩）の中に金塊（如来蔵）があるというのである。

5　貧家の地下の宝蔵……貧乏人の家の床下に宝が隠されている。貧乏人はそれを知らないで貧しい生活をしている。われわれが自分のうちにあるすばらしい宝（如来蔵）に気づかずに、迷いと煩悩のうちに暮らしているのと同じだという譬喩である。

6　樹木の種子……樹木の種子は大地に蒔かれ、水が与えられ、太陽に照射されたとき、大きく育つ。そのように、われわれのうちにある如来蔵も、修行によって仏に育っていく。

7　ぼろ切れに包まれた仏像……砂漠を越えて他国に行く商人が、命よりも大事な仏像をぼろ切れに包んで持って行った。なぜぼろ切れで包んだかといえば、盗賊に襲われたときの用心である。ぼろ切れに包んであれば、盗賊はそれを高価なものと思うはずがないからである。

ところが商人は途中で死んで、仏像は商人のからだと一緒に砂漠に埋もれてしまった。そして、百年、二百年がたつ。商人の死体は腐ってしまう。しかし、仏像は不変。砂漠を掘れば、燦然《さんぜん》と輝く仏像が見つかる。

8　貧女の宿した王子……施設に収容された無一文の女がいる。だが、彼女は身籠っており、お腹《なか》に宿した子は偉大なる帝王の胤《たね》だ。だから、彼女の産んだ子が国王になれば、たちまち彼女は国母になる。その胎児が如来蔵であるといった譬喩。

9　鋳型の中の仏像……仏像を造るとき、鋳型の中に金を流し込み、最後に鋳型を打ち砕いて仏像を取り出す。鋳型が煩悩で、その煩悩を打ち砕いて光り輝く仏像（仏性）を取り出さねばならない、といった譬喩。

▼仏性と如来蔵は同じもの

すでに述べたように、〝如来蔵〟の〝蔵〟はサンスクリット語の〝ガルバ〟であり、これは「胎」の意味である。そうだとすれば、『如来蔵経』の8番目の譬喩はよく出来ている。身寄りのない貧女が国王の子を宿している。国王というのは如来であり、その子は如来の子どもである。彼女がその国王の子・如来の子を産んで、その子を立派に育てれば、彼女は国王の母になれるのだ。われわれも、自分のうちにある如来の胎児を立派に育てなければならない。誰ですか、男性には子宮がないなんて言う人は……?!

ところが、『如来蔵経』は、〝如来蔵〟を「如来を胎に宿したもの」と解釈したのであるが、『勝鬘経《しょうまんぎょう》』——これも後期大乗経典であり、如来蔵思想を説く経典である——は、〝如来蔵

〝（タターガタ・ガルバ）〟を「如来の胎児」の意味に解した。すなわち、わたしたち凡夫そのものが如来の胎児なのである。したがって、やがて立派に成長すれば如来になれるのである。

この『勝鬘経』の考え方が『如来蔵経』にないわけではなく、『如来蔵経』の6番目の譬喩の「樹木の種子」がそれである。種子というのは胎児と同じである。種子が発芽し、すくすくと成長すれば、立派な如来になれるのである。そう考えると、これは『勝鬘経』の解釈と同じことになる。

一方、〝仏性〟といった言葉であるが、原語のサンスクリット語は〝ブッダ・ダートゥ〟である。古来、この〝ダートゥ〟が〝性〟と訳されてしまったもので、なにかと誤解を招きやすい。サンスクリット語の〝ダートゥ〟は、本来「界」と訳される語であり、「置く場所・土台」といった意味である。しかし、〝ブッダ・ダートゥ〟の場合は、教義の上から〝ダートゥ〟には、

ゴートラ……種姓、家系の意、

ヘートゥ……因の意、

の二つの意味があるとされている。だとすれば、わたしは、この〝ブッダ・ダートゥ〟を「仏種」と訳したほうがよいと思っている。いや、いまさら訳語を変更できないのであるから、〝仏性〟というのは「仏種」（仏の種子）だと思っていただきたい。

ゴートラというのは家系である。われわれは仏の家柄に生まれた人間だ。つまり、現代的

表現にすれば、われわれは仏の遺伝子を持っているのである。だから、われわれがすくすくと、のびのびと育つならば、必ず仏になれる。というのが仏性の考え方である。

おもしろいのは、このゴートラという概念は父系原理にもとづいている。それに対してガルバ（胎）は母系原理である。したがって、仏性といった場合は、父系原理にもとづいてわれわれは仏の家系に属していると表明しているのである。如来蔵の場合は、母親の系統にもとづいてわたしたちは仏の子であると言っていることになる。

また、ヘートゥは「因」と訳される言葉であるが、これは「種子」の意味だとしてもよい。わたしたちは仏になれる種子を自分のうちに持っている。そう主張しているのが仏性の理論である。

ともあれ、『如来蔵経』や『涅槃経』、『勝鬘経』は、仏性および如来蔵の思想によって、あらゆる人間の救済の可能性を理論的に根拠づけたのであった。その意味において、後期大乗経典のうちでも重要な経典である。

▼弥勒菩薩と無着・世親

そこで、次に無着と世親という仏教学者について述べねばならない。

いや、もう一人、ちょっと変った仏教学者がいる。それは弥勒《みろく》である。しかし、弥勒という人物が本当にいたのかどうか、いささか断言をためらう面もある。それでわれわれは、無着と世親を紹介しつつ、弥勒について考察することにしよう。

グプタ王朝の後期の五世紀の半ばに、インドの北西部、ガンダーラの地に無着（無著とも表記される。アサンガ）と世親（ヴァスバンドゥ）の二人の兄弟がいた。二人の生没年については、いちおう、無着が三九五年から四七〇年、世親は四〇〇年から四八〇年にしておく。

兄弟の出身地はガンダーラ地方であるが、弟の世親は、パータリプトラから遷都されたグプタ朝の首都のアヨーディヤーに赴いて、そこで小乗仏教の学者として活躍していた。その当時の世親が著わした『倶舎論《くしゃろん》』（原題は『アビダルマコーシャ』。漢訳名は『阿毘達磨倶舎論《あびだつまくしゃろん》』。『倶舎論』は略称）は、小乗仏教の教義を集大成した不朽の名著である。この書は小乗仏教の教学書であるが、教学の基礎の部分は大乗も小乗も共通しているので、大乗仏教においても基礎の教学書として読まれている。

そして、ガンダーラの地に残った兄の無着のほうも、弟と同じように最初は小乗仏教で出家した。ところが、無着は、のちに小乗仏教にあきたらなくなり、大乗仏教に転向したのである。

この無着の大乗仏教への転向には、おもしろい伝説が語られている。小乗仏教にあきたらなくなった無着は、兜率天《とそつてん》に行き、そこで弥勒菩薩に見《まみ》え、弥勒菩薩から大乗仏教の教理・教学を学んだ、というのである。

もちろん、これは伝説である。そしてその伝説の解釈は簡単だ。無着は夢の中で弥勒菩薩と出会った、とすればよい。夢の中というのがおかしいのであれば、瞑想体験のうちで、あるいは禅定によって弥勒菩薩に出会ったのだと解すればよい。

弥勒菩薩は未来仏にノミネート（指名）されている菩薩である。五十六億七千万年後に仏となって下界に降臨される。いま現在は兜率天という天界においでになる。修行者は禅定あるいは瞑想によって天界に往けるのだから、無着が兜率天に往って弥勒菩薩と出会ったことは、それほど奇異なことではない。

だが、その解釈では困ることがある。

というのは、じつは、弥勒菩薩の著作とされるものが数多く伝わっているからである。その主なものは、

1　『瑜伽師地論』（百巻。玄奘訳）
2　『大乗荘厳《しょうごん》経論』（十三巻。波羅頗蜜《はらばみつ》多羅訳）
3　『中辺分別論《ちゅうへんふんべつろん》』（二巻。真諦《しんだい》訳）

などである。もしも弥勒菩薩を無着が夢の中（もしくは禅定、瞑想の中）で出会った人物だとすれば、これらの著作の作者を誰にすればよいか。むずかしい問題が残るのである。

▼弥勒菩薩はマイトレーヤ・ナータ

そこで、現在の学界では、弥勒は実在の人物と考えられている。小乗仏教にあきたらなく

なった無着は、どこか山林に行って（その山林を、伝説では兜率天にしたわけだ）、弥勒という人物から大乗仏教の教理を教わったとするのである。

だが、そうすると、また別の難問が出てくる。それは、弥勒の著書とされるものが中国で漢訳された年代から推定して、弥勒の生没年が二七〇年から三五〇年ごろになるからである（これは宇井伯寿の説である）。それだと無着は弥勒に会うことができない。では、無着の生没年をもっと弥勒のそれに近づけるとよいのであるが、それも困難である。こちらのほうは、無着と世親が兄弟であり、世親の生没年をこれ以上動かせないからである。

仏教の歴史を書くことには、このような難問がいろいろとあるのである。苦労させられる。そういうわけで、わたしは次のような仮説を考えた。その仮説によって、無着と世親の事績を書いておく。

まず、当時、ガンダーラ地方にはマイトレーヤ・ナータと称する山林修行者のグループがあったとするのだ。〝マイトレーヤ〟は「弥勒」である。そして〝ナータ〟は「支持者」の意。その名称から推測されるように、彼らは兜率天にいるとされる弥勒（マイトレーヤ）菩薩の熱烈なる崇拝者であった。彼らは瞑想・禅定によって、しばしば兜率天界に遊び、その体験によって彼らは新しい仏教学説を樹立し、そのテキストを作成していた。それが、弥勒の著作とされる『瑜伽師地論』などの著作である。したがって、〝弥勒菩薩〟は個人名ではなく、「マイトレーヤ・ナータ（弥勒の崇拝者）」といったグループの名称なのである。

そして、無着は、マイトレーヤ・ナータに接近し、彼らから新しい仏教学説――それが「唯識説《ゆいしきせつ》」である――を学んだ。また、みずからもそれを敷衍して人々に教えた。

さらに無着は、弟の世親をアヨーディヤーからガンダーラに呼び戻し、小乗仏教から大乗仏教に転向させた。そしてその後、兄弟は二人してアヨーディヤーに行き、そこで活躍したと推測される。ただし、二人がアヨーディヤーに行ったことは資料には書かれていない。わたしの勝手な推測である。でも、そう考えたほうが、伝説とよく一致する。

というのは、伝説によると、無着はしばしば兜率天に上昇して弥勒菩薩から教えを受けたとされている。あるいは、無着は人々に弥勒菩薩の教えを説いたが、それを人々は信じなかった。それで彼は弥勒菩薩の下降を請い、その招請に応じて夜間、弥勒菩薩が地上に来臨された。その弥勒菩薩の夜間の説法を、昼間無着が人々に解釈して聞かせた。かくて人々はようやく無着を信用するようになった。そんな伝説が語られているが、これなどはおそらく、アヨーディヤーの地で活躍していた無着が、しばしばガンダーラに帰り、ガンダーラの山林修行者＝マイトレーヤ・ナータと交わっていたことを示すものであろう。また、無着は、マイトレーヤ・ナータのうちの優れた人物をアヨーディヤーに連れて来て、人々に会わせたとも考えられる。マイトレーヤ・ナータは山林に隠栖する行者であって、おそらくサンスクリット語が喋れなかったであろうから、無着が聴聞したものをサンスクリット語化して人々に教えた。そうしたことがそのような伝説を生みだしたと考えられる。

それはともかくとして、無着の代表的な著作には、次ものがある。

1　『摂大乗論』（二巻。仏陀扇多《ぶっだせんた》訳）（三巻。真諦訳）（三巻。玄奘訳）
2　『大乗阿毘達磨集論《だいじょうあびだつまじゅうろん》』
3　『順中論《じゅんちゅうろん》』（二巻。瞿曇般若流支《くどんはんにゃるし》訳）
4　『顕揚聖教論《けんようしょうぎょうろん》』
5　『六門教授習定論《ろくもんきょうじゅしゅうじょうろん》』

また、世親の著作のうち、大乗仏教に関係するものは次の通り。

1　『唯識《ゆいしき》二十論』（一巻）
2　『唯識三十頌』
3　『大乗百法明門《みょうもん》論』（一巻。玄奘訳）
4　『大乗五蘊《ごうん》論』（一巻。玄奘訳）
5　『大乗成業《じょうごう》論』（一巻。玄奘訳）

世親にはこのほかに数多くの著作がある。あまりにも多すぎるので、〝世親〟という名の仏教学者が二人いた、といった説があるくらいである。

▼「唯識派」の成立

龍樹によって開かれた学派を「中観派」という。それに対して、弥勒を祖とし、無着と世

親によって大成された学派を、

——瑜伽行派《ゆがぎょうは》（ヨーガーチャーラ）あるいは唯識派《ゆいしきは》（ヴィジュニャーナ・ヴァーディン）——

と呼ぶ。日本では「瑜伽行派」と呼ばれることも多いが、後代のインドの文献では「唯識派」の呼称が多く使われているので、われわれも以下では「唯識派」の呼称に統一する。また、唯識派の祖を弥勒にするが、これはマイトレーヤ・ナータだと思っていただきたい。

では、この唯識派の主張は何か？　それは、文字通りに、

——唯識説——

である。そして唯識説とは、これも文字通りに「唯《た》だ識《しき》のみである」という主張。あらゆる事物・事象は、心の本体である「識」のはたらきによって仮りに現わし出されたものである——というのがその主張である。

だが、この解説はまちがい、とまでは言わないにしても、いささか舌足らずである。普通、「唯識」は「唯だ識のみである」と解されているが、読者よ、よく考えてみてほしい。本当に識のみであるか？　識のみであるということは対象が存在しないことになるが、われわれの認識ははっきりと対象を認識している。読者がいま読んでいる「この本」は、誰がどう言おうと「ここにある」のだ。わたしという主体が対象を認識しているのであって、ただ識（認識）だけがあるのではないのである。

では、「唯識」とは何か？

じつは、「唯識」（ただ識のみ）であるのは仏の認識なのである。仏の認識においてはただ識のみである。けれども、われわれ凡夫の認識においてはそうではない。われわれは対象をつくりだし、自分がつくった対象を認識している。それが故に、われわれは自分がつくったものに執着してしまうのだ。

たとえば、夏の暑い日、〈暑いなあ……。いやだなあ……〉と思う。じつはその「いやな暑さ」は自分がつくりだしたものである。そして、その自分がつくったものにこだわり、執着して、悩んでいるのだ。

それが証拠に、まったく同じ暑さであっても、海水浴に行った人間には「いやな暑さ」は存在しない。暑ければ暑いほど海水浴は楽しいのである。

だから、われわれ凡夫の認識は「唯識」ではない。「唯識」であるのは、悟りの境地に達したときだ。

ということは、「唯識」は、われわれ凡夫に向かって、わざわざ対象をつくりだしてそれに執着し、こだわることをやめて、「唯識にせよ！」と命令しているのである。つまり、「唯識」の教説は、「ただ識のみである」というのではなく、「ただ識のみにせよ！」という命令形である。そのように解釈すべきである。

▼唯識とは何か？

唯識説は、瑜伽師《ゆがし》たちが禅定体験のうちで獲得した理論である。〝瑜伽〟とは「ヨーガ（禅定）」であり、瑜伽を行ずる実践家を〝瑜伽師〟という。彼ら禅定家（瑜伽師）は、禅定中の認識対象はすべて禅定家自身の主観の顕現にほかならないことに気づいた。そのような体験にもとづいて構築されたものが唯識説である。マイトレーヤ・ナータは山林にあって禅定を修していた瑜伽師であり、無着も世親もやはり瑜伽師であった。

で、高度な禅定体験・瞑想体験のうちにあっては、見ているわれもなくなり、見られているものもなくなるという。それがすなわち「空」の世界である。この「空」の世界にあっては、われもものもなくなってしまうから、ただ識のみである。

ところが、われわれ凡夫になると、そうはいかない。われわれは見ている自分をこしらえ、見られている対象をつくってしまう。

「幽霊の正体見たり枯れ尾花」といった言葉がある。びくびくと怯えた心で見ると、枯れ尾花（枯れたすすき）を見ても幽霊に見えるというのである。

しかし、唯識説ではそのように見ない。

唯識だと、すべては「空」であるから何もないのである。にもかかわらずわれわれ凡夫は、心が怯えてびくびくしているときには、そこに「幽霊」をつくりだしてしまうのだ。また、心が冷静なときには、そこに「枯れ尾花」をつくりだす。「幽霊」も「枯れ尾花」もともに心がつくりだしたものである。

だから、そこに「枯れ尾花」があって、それをわれわれが怯えた心でいるときに、まちがって「幽霊」に見るのではない。実際には、「幽霊」もないし「枯れ尾花」もない。実際には、というのは悟りの境地であるが、悟りの境地に到達すれば、すべては「空」なのだ。しかし凡夫の認識ではそうはならない。凡夫は必ずそこに自分と対象をつくってしまう。そして対象に執着し、こだわり、迷い、悩む。そんな自分や対象をつくるな！　というのが唯識派の提唱である。

もう少し言っておく。

わたしは坐禅をやったことがない。だから、禅定体験だとか瞑想体験について適格な解説ができそうにない。それで、夢の例でもって説明することにする。

夢の中で、わたしたちは現実には存在しない対象をつくり、それに恐怖を感じている。もっとも、夢はなにも怖い夢ばかりではない。楽しい夢だってあるが、その楽しい夢においても、われわれは自分勝手に対象をつくって、それを楽しんでいるのである。

と同時に、その夢の中に登場する自分も、やはりわたしがつくったものである。ということは、わたしがつくった自分が、わたしがつくった対象を認識しているのである。夢とはそういうものだ。

で、怖い夢を見て、なにもそんな恐ろしいものをつくらなくたってよいではないか……と言われても、われわれはどうすることもできない。「はいそうですね……」と、夢の中で怯えている自分を消滅させることもできないし、その夢の中の自分が苦しんでいる対象を消すこともできない。好むと好まざるとにかかわらず、夢の中の自分がつくられ、その自分が見ている対象が出現するのである。そしてわれわれは、それに振り回される。

わたしたちが解放されるのは、ただ夢から醒めることだけだ。そうすると、自分も対象も消滅する。

その夢から醒めた境地が覚りの世界なのであろう。「空」の世界である。

その覚りの世界、「空」の世界における認識がどのようなものか、われわれ凡夫には知りようがない。唯識は、それを、

——大円鏡智《だいえんきょうち》——

と言っている。大きな円い鏡にいっさいがありのままに映し出されるように、仏の智慧は清浄で、すべてを曇りなく明らかにするというのだ。でも、これはわれわれにとってあまり参考にならない。われわれ凡夫としては、すべては「空」であるのに、われわれは自分が勝手につくりだしたものに執着し、それにこだわり、悩んでいるのだ、ということぐらいを知っておこう。それが唯識説から学ぶべきことだと思う。

▼唯識派のその後の学者

唯識の理論に関して、本当はもっと説明すべきであろう。しかし、唯識を解説するとなると、一冊の本を書いても無理である。だから、これ以上の説明はやめておく。

唯識派には、無着・世親のあと、優れた学者が輩出した。そのうち、二、三人を紹介しておく。

まず陣那《じんな》（ディグナーガ。四八〇ごろ—五四〇ごろ）。彼は唯識派の学者であると同時に、仏教論理学の確立者として知られる。やはり彼も最初は小乗仏教で出家したが、のちに大乗に転向し、世親のもとで唯識と論理学を学んだという。主著は『集量論』。

安慧《あんね》（スティラマティ。五一〇ごろ—五七〇ごろ）。唯識十大論師の一人とされ、世親の『唯識三十頌』に対する注釈書を書いた。

護法《ごほう》（ダルマパーラ。五三〇—五六一）。この人も唯識十大論師の一人で、世親の『唯識三十頌』に注釈した。南インドの出身で、ナーランダー仏教大学（那爛陀寺《ならんだじ》）の学頭として活躍し、多くの弟子を育てた。しかし、彼は二十九歳でナーランダー仏教大学を去り、ブッダガヤーの地に隠棲し、三十二歳で世を去った。『成唯識宝生論』（五巻）をはじめ、多くの著述がある。

護法の唯識説は、ナーランダー仏教大学における彼の弟子の戒賢《かいけん》（シーラバドラ。五二九—六四五）に受け継がれた。そして、中国からの留学僧の玄奘《げんじょう》（六〇二—六六四）が、ナーランダー仏教大学で戒賢に師事して唯識説を学んだ。さらにその玄奘から唯識説を学んだ基《き》（一般に窺基《きき》と呼ばれているが、『岩波仏教辞典』によると基が正しいとされる。慈恩大師と尊称される。六三二―六八二）が中国法相宗を開いた。したがって護法は、法相宗の鼻祖ということになる。

第8章

仏教の民衆化

▼なぜ大乗仏教は学問仏教になったのか

なぜ大乗仏教は学問仏教になったのか？

大乗仏教は阿羅漢学派に対する反発から生まれた新しい宗教であった。阿羅漢学派は、出家者による、出家者のための宗教である。いや、宗教というより哲学・思想である。そこでは在家信者が無視されている。在家信者というのは民衆だ。民衆は、民衆をそっちのけにして、自分たちエリートの利益だけを考えている阿羅漢学派の独善ぶりに反発して、民衆のための宗教である大乗仏教を興した。大乗仏教は、民衆によって興された新しい宗教運動が結実したものである。

それと、民衆の阿羅漢学派に対する反発には、もう一つの理由があった。

それは、紀元前二世紀のころから阿羅漢学派において、阿毘達磨《あびだつま》（アビダルマ。「法の研究」といった意味）と呼ばれる文献が盛んにつくられるようになったことだ。この阿毘達磨文献の集大成されたものが論蔵である。「三蔵」といえば経蔵・律蔵・論蔵の三つであるが、経蔵と律蔵の原型は仏滅後の第一回結集である王舎城結集において成立しているが、論蔵（すなわち阿毘達磨）が成立するのは紀元前二世紀以後のことである。ともかく、多数の阿毘達磨文献がつくられたということは、阿羅漢学派の学僧たちが阿毘達磨——法の研究——に没頭したことを意味する。それは同時に、阿羅漢学派が宗教性をまったく失ってしまい、教理・教学の研究になってしまったことを意味する。民衆が反発したのは、そのように教理・教学の研究のみに没入している阿羅漢学派であった。

そして、阿羅漢学派に反発した民衆は、みずからの宗教運動を展開して新しい宗教である大乗仏教をつくりあげた。

ところが、である。そのようにして民衆のエネルギーによって形成された大乗仏教が、長い年月の末には、またぞろ学問仏教になってしまったのだ。まことに嘆かわしい次第である。

では、なぜそうなったのか？

なぜか、と問われても、特に理由はなさそうだ。民衆による新しい宗教運動が展開されて大乗仏教が形成された。いったん新宗教が出来上がると、その宗教の専従者（つまり僧侶）の仕事は、布教活動と教理・教学の研究になってしまう。いや、布教活動をするにしても、その新宗教の教理・教学が確立していなければならないから、専従者の仕事の第一は教理・教学の研究になる。だから、大乗仏教が学問仏教化するのは当然であって、逆に大乗仏教が学問仏教化しなかった場合に、われわれは、なぜ学問仏教化しなかったのであろうか……と、その理由を尋ねるべきだ。そのように考えるとよいであろう。

もう一つ、言っておかねばならないことがある。それはグプタ王朝の宗教政策である。

古代において、あの広いインドを統一したのは、マウリヤ王朝であった。紀元前三一七年ごろにチャンドラグプタが挙兵し、北はヒマラヤ山麓から南インドまで、東はベンガル湾、西はアラビア海に達する、インド史上空前の大帝国＝マウリヤ王朝を建国した。そのチャンドラグプタの孫がアショーカ王であり、アショーカ王は仏教に帰依した。アショーカ王の庇護をうけて、仏教がインドの地にしっかりと根を下ろしたことは、すでに述べた通りである。しかし、アショーカ王の死後、マウリヤ王朝は急速に衰退し、インドは四分五裂の状態におちいる。

その分裂したインドを再び統一したのは、グプタ王朝の始祖のチャンドラグプタ一世である。彼は西暦三二〇年に即位し、武力でもって国家建設の事業を推進した。

このグプタ王朝は、純インド的な王朝であった。歴代の王は学芸の愛好家であり、多くの文人を庇護した。チャンドラグプタ一世の子であるサムドラグプタ（在位三三五ごろ—三七六ごろ）は仏教学者の無着と世親を庇護しているし、またその子のチャンドラグプタ二世（在位三七六ごろ―四一四ごろ）の宮廷には、かの有名な劇作家のカーリダーサがいる。グプタ時代はインド古代文化の黄金期であった。

そして、グプタ王朝は、婆羅門教を国教とした。このことが仏教の歴史に大きな影響を及ぼしたのであった。

▼グプタ王朝の国教は婆羅門教

もっとも、グプタ王朝が婆羅門教を国教としたからといって、仏教が弾圧を受けたわけではない。歴代の王は仏教にもそれなりの援助はしている。いま述べたように、サムドラグプタは無着・世親の兄弟に援助を与えているし、第四代のクマーラグプタ一世（在位四一四ごろ―四五五ごろ）はナーランダー仏教大学を創建している。

ナーランダー仏教大学は、漢訳仏典では〝那爛陀寺《ならんだじ》〟と呼ばれており、仏教の発祥の地である マガダ国の首都の王舎城（ラージャグリハ）の近くに建立された寺院である。いや、寺院と呼ぶより仏教大学と呼んだほうがよい。なにせ最盛寺には、ここに学ぶ僧が一万人以上もいたというのだから。

この那爛陀寺に中国僧の玄奘が留学したことは前章に言っておいたが、玄奘の伝記である『大唐大慈恩寺三蔵法師伝』には、那爛陀寺について次の記述がある。

僧徒の主客常に万人有り、……。寺内の講座は百余所、学徒修習して寸陰を棄つるなし。……。国王欽重《きんちょう》して百余邑《ゆう》を捨てて其の供養に充《あ》つ。邑《むら》二百戸、日ごとに秔米《うるち》・酥《そ》乳数百石を進む。是れに由り学人は端拱して求むる（乞食）ことなく、而して四事自足し学芸成就するは斯れその力なり。（水谷真成訳による）

百余村の収入がすべてこのナーランダーの僧院の維持にあてられ、毎日二百戸ずつが寄進して食事をつくった。そして、毎日、百以上の講義が開講されていたというのだ。いかに大きな大学であったかがわかる。

だが、それはそれとして、グプタ王朝は公式には婆羅門教を国教とした。それは紛れもない事実である。

そして、婆羅門教は、グプタ王朝の歴代の王の庇護のもとで、その正統哲学である六派哲学の各派が根本聖典をつくり、それぞれの哲学体系を完成させていったのである。

六派哲学とは、

1　サーンキヤ学派。

2　ヨーガ学派。

3　ヴァイシェーシカ学派。

4　ニヤーヤ学派。
5　ミーマーンサー学派。
6　ヴェーダーンタ学派。

の六つの学派をいう。そしてこの六派は、1と2、3と4、5と6がそれぞれ姉妹関係にあるとされている。

注意しておいてほしいのは、この六つの学派が同一時期に形成されたのではないということだ。ほとんどの学派は、紀元前に形成されている。しかし、「学派」として社会的に承認されるようになったのは、いずれの学派もグプタ時代になってからである。そこで六派哲学の形成がグプタ時代とされているのである。

ところで、本書は「仏教の歴史」を書くものだから、婆羅門教の正統哲学である六派哲学のそれぞれについての解説はしないでおく。ただ、グプタ王朝が婆羅門教を国教とし、婆羅門教を庇護したということは、このような学問研究を支援したのである。

そして、そうであれば、グプタ王朝の時代風潮そのものが、まさに学問的であった。だから、仏教も学問的になる。ならざるを得ないのである。

それが、大乗仏教が学問仏教になってしまった理由である。わたしはそのように考えている。

▼民衆の動き

で、グプタ王朝になって、大乗仏教は学問仏教になってしまったのであるが、その際、民衆はどうなったのであろうか……？

学問仏教は、民衆不在の宗教である。民衆から遊離した宗教だ。なぜなら、学問仏教においては、ごく少数のエリートが王侯貴族や資産家に支援されて、学問研究に現《うつつ》を抜かすわけだ。いや、わたしは、宗教において教理・教学の研究が不必要だと言っているのではない。それも大事である。けれども、宗教者が教理・教学の研究に没頭するとき、彼の眼は民衆には向けられていない。民衆は忘れられているのだ。それじゃあいけない、とわたしは言いたいのである。

インド仏教史を書く場合、ここのところの問題意識が大事である。

仏教というものを教理・教学を中心にして考えるなら、グプタ王朝以後に登場した数多い学僧の名前をずらりと並べ、その著書を紹介し、彼の思想を語ることによってインドの仏教史を書くことができる。でも、それは、「仏教学の歴史」であって、「仏教の歴史」ではない。わたしはそう思う。そして、これまで書かれた仏教史の本は、ほとんどがその類の「仏教学の歴史」であった。

わたしは、そんな本を書きたくない。いや、正直に告白すれば、わたしにはその手の本を書くだけの能力がない。その種の本を書くには、相当の文献を読まねばならないからである。

わたしが書きたいのは、民衆の立場に立っての「仏教の歴史」である。

そのためにわれわれが考察すべきは、グプタ王朝になって大乗仏教までも学問仏教になったとき（じつは、阿羅漢学派＝小乗仏教は、とっくの昔に学問仏教になっていた）、それまで大乗仏教を支持してきた民衆はどうしたのか、といった疑問である。その疑問を解いておかないと、十三世紀の初頭に仏教がインドの地で消滅してしまったことの説明がつかないのである。だいぶ先回りして言うことになるが、じつは一二〇三年にインド密教（密教についてはあとで述べるが、これは仏教の一形態である）の根本道場であったヴィクラマシラー寺院がインドに侵入して来たイスラム軍によって破壊され、多数の僧尼が殺戮《さつりく》された。学者は、この事件をもって「インド仏教の滅亡」としている。なぜインドの地で仏教が滅亡したのか？　民衆の動きを抜きにしてはその疑問に答えられないのである。

だからわれわれは、学問仏教の展開を追うことを中断して、インドの民衆の動きを追うことにしよう。

▼民衆化はヒンドゥー教化

さて、わたしは思うのであるが、大乗仏教は本質的に、

――民衆仏教――

であった。「民衆による・民衆のための仏教」が大乗仏教である。

そして、民衆というのは、インド人である。あたりまえのことであるが、インドの民衆はインド人である。

だとすると、インド人は仏教徒であるよりも、その前にインド人である。いや、もう少し正確にいえば、インドにいる仏教徒は、仏教徒であるより前にインド人なのだ。

なんだかおかしなことを言っているようだが、これは重要なことである。なぜかといえば、いま「インド人である」と言ったことを別の言葉で表現すると、「ヒンドゥー教徒である」となるからである。そうすると、インドにいる仏教徒は、仏教徒であるより前にヒンドゥー教徒なのだ、ということになるわけだ。

いいですか、じつはヒンドゥー教というのはそういう宗教なのである。

〝ヒンドゥー〟という語は本来ペルシア語であって、「インド」といった意味である。だから、ヒンドゥー教はインド教とも呼ばれる。

だからヒンドゥー教というのは、広義には、インドの土地に発祥したすべての宗教を指すのである。したがって、婆羅門教や仏教、ジャイナ教がヒンドゥー教のうちに含まれる。

しかし、狭義のヒンドゥー教は、太古のインドの伝統宗教であった婆羅門教が民衆化したものである。学者によっていろいろと意見があるが、わたしは大乗仏教の興起とヒンドゥー教の誕生はほぼ同時代と考えている。だが、ヒンドゥー教が誕生しても婆羅門教がなくなったわけではない。だいたいにおいて、

婆羅門教は……上層部における祭祀を中心とした宗教、
ヒンドゥー教は……民衆化・庶民化・土俗化された信仰、
と思えばよい。それ故、グプタ王朝の歴代の王は婆羅門教に帰依したのであり、庶民はヒンドゥー教徒であったわけだ。これは、中国における儒教と道教の関係だと思えばよい。婆羅門教が儒教であり、ヒンドゥー教が道教である。

さて、大乗仏教は基本的に民衆仏教である。

そして、インドの民衆は広い意味においてヒンドゥー教徒である。

ということは、大乗仏教はヒンドゥー教化した仏教だと言うことができる。なぜなら、インドにおいて「民衆化」というものは「ヒンドゥー教化」と同義だからである。

では、大乗仏教のその民衆化＝ヒンドゥー教化をもっと推し進めるとどうなるか？　わたしは、それが密教だと思う。つまり、大乗仏教がどんどん、どんどんヒンドゥー教化していけば密教になる。そして、これはあまりにも先回りして言うことになるが、その密教をなおもどんどん、どんどんヒンドゥー教化していけば、ついにヒンドゥー教になってしまう。密教（仏教）でなくなってしまうのである。要するに、

大乗仏教――→密教――→ヒンドゥー教

と発展していくのである。いや、発展というより、民衆化＝ヒンドゥー教化である。

それが仏教の歴史の基本図式である。

▼婆羅門教はどういう宗教か？

かくてわれわれは、次に密教について考察するのであるが、その前に、もう少し婆羅門教とヒンドゥー教を見ておこう。密教の解説は次章に譲る。

婆羅門教というのは、古代インドにおける伝統宗教である。

婆羅門教の特色は、なんといっても祭祀を重要視することだ。そもそも婆羅門と呼ばれる人たちは司祭者であって、祭祀と教学を独占している。婆羅門以外の人々――王族（クシャトリヤ）・庶民（ヴァイシャ）・隷民（シュードラ）――は、婆羅門に布施をして祭祀を実行してもらうことによって幸せが得られることになっている。ということは、要するに婆羅門教とは婆羅門至上主義の宗教である。

そこで、絶対者になった婆羅門たちは、おもしろいことを考えた。それは、自分たちが行なう祭祀には「不思議な霊力」があるとする主張である。とくに祭祀において神々に捧げられる言葉（すなわち祝詞）に「不思議な霊力」があるとして、それを、

――ブラフマン（梵）――

と呼んだ。つまり、ブラフマンとは、神々に捧げる祭詞・呪詞であり、言葉であるが、同時にその言葉に内在する霊力（神秘的な力）を意味するのである。

この婆羅門教における婆羅門（司祭者）の主張は、一般の考えとはまったく逆になっている。普通であれば、人間が神々に祝詞を捧げてお願いをする。神々を煽《おだ》て上げて、たとえば

五穀豊穣や病気平癒を祈願するのだ。そうすると神々はわれわれ人間にご利益を授けてくれる。そう考えるのが普通である。

ところが、婆羅門たちはその逆を主張する。われわれが祭祀を正しく実行すれば、神々でさえもその祭祀に内在している不思議な霊力（ブラフマン）に縛せられて、人間にご利益を与えざるを得ないとするのである。すなわち、神々は婆羅門の意のままに動かざるを得ないのであり、いわば婆羅門の奴隷である。

いや、それはまだ手緩《てぬる》い。婆羅門たちの主張は、挙句の果ては、われわれが正しく祭式を行なっているからこそ、自然界の変化も四時の運行も正しく行なわれるのだ、となった。普通であれば、人間が「太陽よ、あすも東から昇ってください」と願う、その祈りに応えて、太陽が東から昇ってくれると考える。それが逆になって、婆羅門が正しく祭式をやっているから、太陽が東から昇るのだとなるわけである。「じゃあ、ちょっと祭式をやめてみてください。そうすると太陽が西から昇るかどうか、確認できますよ」と言いたくなるが、そんなことを言っても無駄だ。彼らは自分たちの主張を信じているのだから、絶対に祭式をやめるはずはないのである。

まあ、ともかく、婆羅門教というのは、婆羅門による祭祀の実行を基本にした宗教である。いささか荒っぽい表現をすれば、

——祭祀の実行によって、神々を自由自在に操縦する——

のが婆羅門教である。

《ブラーフマナ〔文献〕に現われるバラモンたちは、もはや神々に奉仕する敬虔恭順な司祭者ではなくて、その呪力によって神々をも駆使する咒術者である》

インド哲学者の中村元はそう言っている（中村元『インド思想史（第2版）』）。婆羅門教の神々は「婆羅門の奴隷」であったのだ。婆羅門教はちょっと風変りな宗教である。

▼果たして多神教か？

そのような婆羅門教が民衆化されるとヒンドゥー教になる。では、ヒンドゥー教はどのような宗教か……？

まず、民衆というものは、基本的に神様が好きである。神様のファンである。したがって、民衆は神様を奴隷にしようなどとは思わない。神様に憧れて、神様を祭り上げているのだ。それがヒンドゥー教の基本姿勢である。

これは、ヒンドゥー教が多神教だからそうなるのだ。もちろん、ヒンドゥー教の母体になった婆羅門教も多神教である。多神教であるからこそ、神々を奴隷にしたり、神々のファンになることができる。

一神教であれば、そうはいかない。ユダヤ教やイスラム教は一神教であるが、そこでは神を人間の奴隷にすることはできない。人間のほうが神の奴隷になるのだ。ユダヤ教から派生したキリスト教では、人間は神の奴隷の地位からちょっと格上げされて、まあ「神の実子」ということになったが（だから彼らは「天にまします父なる神よ」と祈る）、しかし神が絶対的主権を保持していることには変りはない。神が主権を持ち、人間が神の僕《しもべ》となるのが一神教の特色である。

さて、婆羅門教・ヒンドゥー教は多神教であるが、同じ多神教といっても古代ギリシアや日本の神道のそれと少し性格が違っている。古代ギリシアの宗教や日本の神道では、多数いる神々はピラミッド型に序列づけられて、その頂点には最高神が君臨している。古代ギリシアの宗教ではゼウスが最高神であり、神道だと天照大御神《あまてらすおおみかみ》がそれである。ところが、婆羅門教においては、最高神がいないのである。

いや、最高神がいないのではなく、最高神は祭祀のたびごとに替わるのである。祭祀が行なわれているとき、いまそこに勧請《かんじょう》されている神がその場における最高神となる。

たとえば、いま、インドラ神（この神は仏教に入って帝釈天《たいしゃくてん》となった）を勧請して祭祀が行なわれているとする。すると、そこではインドラ神が最高神である。次にアグニ（火の神）が勧請されて祭式が行なわれる。すると、そこではアグニが最高神となる。最高神がその都度交替する。そこでマックス・ミュラー（一八二三―一九〇〇）というドイツ生まれのイギリスの宗教学者は、このような多神教を、

――交替神教（Kathenotheism）――

と命名している。普通の意味での多神教とはいえないというのである。

この婆羅門教の性格を、基本的にはヒンドゥー教が受け継いでいる。

ヒンドゥー教では三大神をたてる。

宇宙の創造神である……ブラフマー。

宇宙の維持神である……ヴィシュヌ。

宇宙の破壊神である……シヴァ。

しかし、このうち創造神であるブラフマーは民衆のあいだであまり人気がなく、人気があるのはヴィシュヌとシヴァであり、それぞれを最高神とするヴィシュヌ派とシヴァ派が二大宗派になっている。ヴィシュヌ派は、現代のインドにおいて比較的上層部に信者が多く、理論的傾向の強い宗派である。それに対してシヴァ派は、中流以下の庶民層に勢力をもつ。しかしながら、民衆のあいだであまり人気のないブラフマー神であるが、教学的には宇宙の創造―維持―破壊がセットになるから、ブラフマー神も大事な神であることは否定できない。ところで、われわれはブラフマー・ヴィシュヌ・シヴァをヒンドゥー教の三大神としているが、じつはこの三大神が一体であるという、

――三神一体（トリムールティ）――

の思想がある。この思想は、本当は一つの神であるが、その一つの神をヴィシュヌ派の信

者はそれをヴィシュヌという名で、シヴァ派の人間はそれをシヴァという名の神として拝んでいるというのだ。しかもその思想が民衆のあいだに滲透している。インドの民衆のほとんどが、

——われわれは同じ一つの神を、それぞれ違った名前で拝んでいるのだ——

と信じている。そうなると、これを多神教と呼んでよいか迷ってしまう。ちょっと風変りな一神教と見ることもできそうだ。

▼バクティの理論

わたしがあまりにも脱線しすぎているように読者は思われるかもしれない。しかし、これは脱線ではない。次章において、いま述べたことが役に立つ。だからこれは伏線だと思っていただきたい。

そこで、もう一つ、伏線をはっておく。

婆羅門教の司祭者である婆羅門たちは、祭祀の執行でもって神々をうまく操縦した。では、ヒンドゥー教において、民衆はどのように神々と接したのであろうか？

すでに述べたように、民衆は神々を愛したのである。いや、〝愛した〟という表現は不適切。愛するといった場合、上位の者が下位の者を愛することになる。神々を愛するといえば、人間が優位に立って下にいる神々を愛することになる。そうではない。民衆は神々を尊敬し

ている。神々のファンなのだ。神々が好きで好きでたまらないのである。

この、好きで好きでたまらないことを、ヒンドゥー教では、

――バクティ――

と呼んでいる。〝バクティ〟は〝熱烈信仰〟と訳せばいい。あるいは〝信愛〟といった訳語もある。神様に恋い焦れる気持ちがバクティである。

恋い焦がれた者は、相手と一心同体になりたいと願う。いわば神様と結婚したいといった心境になるのだ。それがバクティである。

ヒンドゥー教の基本聖典と呼ぶべきものに『バガヴァッド・ギーター』がある。「神の歌」といった意味で、『ギーター』とも略称される。美しい宗教叙事詩である。

その『バガヴァッド・ギーター』の中に、バクティが謳《うた》われている。

《われは、一切衆生に平等不違なり。愛憎、われになし。されど、信愛もてわれを愛しむ人びとわれにあり。またわれ、かれにあり》（第九章二九節。鎧淳訳による）

ここで〝われ〟というのは神である。具体的にはクリシュナ神である。バクティ（信愛）によって、われわれ人間は神のうちに入ることができる。また、神は人間のうちに入ってこられる。かくして、神と人間との合一が達成される。『バガヴァッド・ギーター』はそう言っているのだ。

この人間を〝我《が》〟といった言葉で置き換えてみる。すると『ギーター』が言うのは、

——神入我、我入神——

である。バクティによって神が我（人間）の中に入り、我（人間）が神の中に入る。その結果、神と我（人間）が合一してイコールになってしまう。それがヒンドゥー教のバクティの理論である。

われわれは次章において、このバクティの理論である「神入我、我入神」が、密教の理論にほかならないことを発見するであろう。

第9章
密教とその思想

▼仏教とヒンドゥー教の関係

密教とは「秘密仏教」である。われわれはまず密教をそのように定義しておきたい。

密教とは何か？　それをどう定義するか？　これはなかなかむずかしい問題である。密教を広義に解釈すれば神秘主義とイコールになり、イスラム教のスーフィズムや新プラトン学派の祖のプロティノス（二〇五ごろ—二七〇ごろ）の哲学まで含まれてしまう。しかしわれわれは、密教を大乗仏教の一形態として扱いたいのであるから、密教とは「顕教《けんぎょう》」に対するもの、すなわち「秘密仏教」だとしたいのである。

では、いったい何が秘密なのか？　だが、それについてはあとで考えることにする。

歴史的には、すでに述べたように、密教は大乗仏教が民衆化されたものである。民衆化というのはヒンドゥー教化である。

大乗仏教が学問仏教になってしまうと、民衆は仏教から見放された形になる。もともと大乗仏教は民衆仏教であったのだが、その大乗仏教が民衆を見捨ててしまったのだ。

ただし、ここで「仏教が民衆を見放した」というのは、正しくは仏教教団が民衆を見捨てたわけだ。民衆そのものは、なおも仏教徒である。いや、これも正確に言っておかねばならない。インドの歴史の中で、「仏教徒」と折紙付で呼べる人が何パーセントいたか。たぶん五〇パーセントを超える時代はなかったであろうと推測される。インド人の大半は、いつの時代にあってもヒンドゥー教徒（そのうちには婆羅門教徒も含まれる）であったはずだ。だから、「民衆そのものはなおも仏教徒であった」といった表現は不適切で、仏教教団が民衆を見捨てても、仏教徒であった民衆はなおも仏教徒であり続けた、と書くべきである。厳密に表現することって、なかなかむずかしいですね。

で、仏教徒であり続ける民衆であるが、彼らは仏教徒であると同時にヒンドゥー教徒でもある。広義のヒンドゥー教はインドに発祥したすべての宗教を包括したものであるから、その意味では仏教もヒンドゥー教の一派である。ヒンドゥー教徒であるということは、インド人であることと同義である。仏教徒であるということとヒンドゥー教徒であることとは、決して矛盾しないのである。

そして、ヒンドゥー教徒であれば、彼らは神様が大好きだ。神様に恋い焦れる。バクティである。

それに、もともとヒンドゥー教は、さまざまな神々を自己の体系の中に取り入れる宗教である。

その取り入れ方には二つあって、一つはシヴァ派のやり方である。インドは昔から多民族国家であるが、インドの各地に住む少数民族が拝んでいる神様を片っ端からシヴァ神の妃にしてしまうのである。シヴァ派の聖典は、シヴァ神の妃として左の九柱の女神を挙げている。

1　ドゥルガー（近づきがたい女神）
2　ウマー（好意的な女神）
3　ガウリー（黄金色の女神）
4　カーリー（黒い女神）
5　チャンディー（激しい性格をした女神）
6　パールヴァティー（山の女神）
7　クマーリー（処女の女神）
8　デーヴィー（女神）
9　マハーデーヴィー（偉大なる女神）

じつは、これらの女神は、起源的には各地の少数民族が信捧していた神を、シヴァ神の妃とすることでヒンドゥー教の中に取り入れたのである。

一方、ヴィシュヌ派は、

――アヴァターラ（権化・化身）――

といった理論を考えた。ヴィシュヌ神は世界の危機に際し、さまざまな動物・英雄の姿をとって（化身となって）出現し、世界の窮状を救うというのである。その化身の種類と数は一定しないが、代表的なものは次の十である。

1　魚
2　亀
3　野猪
4　人獅子
5　倭人《こびと》
6　斧を持つラーマ
7　『ラーマーヤナ』の主人公のラーマ王子
8　牧童クリシュナ
9　ブッダ
10　英雄カルキ

お気づきであろうか、9番目のブッダは仏教の開祖の釈迦である。こういうふうにして、ヒンドゥー教は仏教を自己の体系の中に取り入れているのである。

▼仏教に取り入れられたヒンドゥー教の神々

だとすると、仏教徒であることとヒンドゥー教徒であることは、イコールなのである。それ故、民衆は、たとえ学問仏教化した大乗仏教の教団から見放されたとしても、彼らは信仰に生きることができる。実際、民衆はバクティ（熱烈信仰）に生きたのである。仏に恋い焦がれたのだ。むしろバクティに生きる仏教徒の姿こそ、真の大乗仏教徒といえるかもしれない。

そして、そうすると、ごくごく自然にヒンドゥー教の神々が仏教の体系の中に取り入れられるようになる。われわれはヒンドゥー教が仏教を取り入れたことを見てきたが、それは逆に見れば仏教がヒンドゥー教を取り入れたことになる。もっとも、勢力関係でいえばヒンドゥー教のほうが大勢力であるから、大が小を吸収することになるが、現象的には仏教がヒンドゥー教の神々やその教義・思想を取り入れた側面がないわけではない。

たとえば、日本に伝来した仏教を見るとよい。そこでは帝釈天《たいしゃくてん》が祀られているが、帝釈天はヒンドゥー教の神のインドラ神である。このインドラ神は、インド最古の聖典である『リグ・ヴェーダ』に登場する神で、雷霆神《らいていしん》の性格があるといわれている。

また、聖天《しょうでん》信仰における聖天は、別名を歓喜天《かんぎてん》といい、インド神話では大自在天《だいじざいてん》の子であるガネーシャである。このガネーシャは象頭人身の神であり、それに関してはおもしろい神話がある。父親の大自在天が自分の妻とセックスをしようとしたとき、息子のガネーシャが邪魔をしたので、父親はわが子の首をちょん斬ってしまった。あとで後悔をした父親は、息子を生き返らせようとするが、息子の首をくっつけることができないので、そこにやって来た象の首をちょん斬って息子のからだにくっつけたというのだ。なんとも奇妙な話であるが、ともかくこのガネーシャはヒンドゥー教では現代においても人気ナンバーワンの神様である。そのヒンドゥー教の大スターが聖天・歓喜天という名前で仏教に入っているのである。

それればかりではない。ガネーシャの父親の大自在神は、じつはヒンドゥー教のシヴァ神である。そしてシヴァ神の妻、この場合はガネーシャの母親であるが、彼女はパールヴァティーだ。さらに、シヴァ神は別名をマハーカーラという。〝マハー〟は大きいで、〝カーラ〟は黒いといった意味（ただし、〝カーラ〟には「時間」という意味もある）。だからマハーカーラは「大黒天」である。七福神の一柱である大黒様は、じつはヒンドゥー教のシヴァ神である。

このほか、梵天《ぼんてん》・吉祥天《きちじょうてん》・弁才天《べんざいてん》（弁財天）・鬼子母神《きしもじん》・摩利支天《まりしてん》・閻魔《えんま》……等々、ヒンドゥー教の神様が仏教の神になった例は数多くある。

これが仏教のヒンドゥー教化である。

そして、このようにしてヒンドゥー教化された仏教が密教なのである。

▼仏教に影響を与えたヒンドゥー教のエートス

さて、仏教は自己の体系の中に多数のヒンドゥー教の神々を取り入れたのであるが、その取り入れにあたっては同時にヒンドゥー教の教理・理論を採用したのである。もっとも、ヒンドゥー教は民衆宗教であるから、「これがヒンドゥー教の教義です」とまとまった形で言えるようなものはない。民衆が漠然と考え・思い・信じているものが教義であり理論である。

そして、民衆が持ち込んできたヒンドゥー教のエートス（気風・習慣・習俗）が仏教に影響を与え、仏教を民衆化していく。そのようにして形成されたのが密教である。したがって、密教もまた、「これが密教の教義・教理です」とまとまった形で言えるようなものはない。民衆が漠然と考え・思い・信じているものが教義であり理論なのだ。

ただ、密教の場合は、そのような漠然とした思想を体系化する学者・学僧がいる。

いや、ヒンドゥー教にだって、ヒンドゥー教の思想を体系化する哲学者がいないわけではない。だが、ヒンドゥー教の場合は、そのような哲学者の存在は民衆の宗教活動とあまり関係がない。たとえば、日本の神道でいえば、本居宣長《もとおりのりなが》（一七三〇―一八〇一）や平田篤胤《あつたね》（一七七六―一八四三）といった国学者の存在と、村の鎮守《ちんじゅ》の神様のお祭りを楽しむ農民たちの宗教活動が無関係であるのと同じである。しかし仏教（この場合は密教であるが）においては、どうしても依拠すべき経典が必要であり、その経典を解釈する指導者（僧侶）が必要である。それは、『聖書』と神父・牧師のいないキリスト教が考えられないのと同じである。

で、密教においては、多数の経典がつくられている。だが、その経典について述べるのは後回しにする。その前にわれわれは、民衆が仏教の中に持ち込んできたヒンドゥー教のエートスについて考察しておきたい。

そのエートスの一つはバクティ（熱烈信仰）である。神様に恋い焦がれ、身も心も神様に捧げ、神様と一体となる。そのような宗教的熱情が仏教に持ち込まれ、仏教を大きく変えたのである。

しかしいま、わたしはこう書いていて、〈おやっ?!〉と思った。この宗教的熱情は萌芽的には『法華経』にも見られたものである。エートスとしてのバクティは古い時代からインドの民衆の中にあって、それが大乗仏教を産み出し、また大乗仏教を密教化させていったのである。そのように見ることができよう。

もう一つのエートスは、数多《あまた》なる神々はそれぞれ違った名前で呼ばれていても、すべては同一の神であるといった考え方である。宇宙の創造神であるブラフマーとそれを維持するヴィシュヌ、また宇宙の破壊神であるシヴァが「三神一体（トリムールティ）」であるといった思想がそれだ。

この思想は古い時代からのインドにあったもので、インド最古の宗教聖典である『リグ・ヴェーダ』にすでに見られるものだ。それに関して、中村元は次のように言っている。

《『リグ・ヴェーダ』に現われる神々の個性が不明瞭であり、かれらの間の区別が判然としていないので、すでに『リグ・ヴェーダ』の中に、諸々の神々は一つの神の異名にほかならないという思想が表明されている。『多くのかたちに燃えたつも火は唯だ一つなり。あらゆるものにゆきわたる日も亦一つなり。世界をあまねくかがやかすウシャス（暁の神）も唯だ一つなり。唯だ一つのものひろがりて、この世のすべてとなりぬ』（VIII' 58' 2)》（『インド思想史（第2版）』）

われわれはそれぞれの名でもって神を拝んでいるが、本当はみんな同じ神を拝んでいるのだという考え方。この考え方が仏教に与えた影響はじつに大きいのである。

▼大日如来と毘盧遮那仏

密教というのは「秘密仏教」である。われわれは密教をそう定義した。

だが、そう言えば、われわれはたぶん早合点をしてしまう。密教は秘密仏教だから、仏は教えを秘密にしてわれわれ衆生に教えないのだと受け取ってしまう。いや、まったく教えないのではない。ごく少数の選ばれた人間だけに奥儀を説き、普通の人間にはそれは秘密にされている。そう考えてしまう。

だが、それはまちがいである。密教では、仏は教えをオープンにして説いている。ちっとも秘密にしていないのである。

ところが、その教えを聴聞する側に、それを理解する能力がなければ、その教えは秘密になってしまう。「秘密」というのは、そういう意味である。

たとえば、ここ日本に釈迦仏が出現されて、いきなりサンスクリット語で説法をされたとする。すると、たいていの日本人はそれを理解できない。釈迦仏は秘密にしておられないのに、われわれ聴聞する者がそれを「秘密」にしてしまっているのだ。

いまの例では、釈迦仏がサンスクリット語で語られたとしたが、密教の仏は釈迦仏ではない。密教で説法されるのは、宇宙仏である大日如来である。そして、大日如来が宇宙語で説法される。サンスクリット語であれば、その文法を学べばなんとかなるが、宇宙語は人間の言葉ではない。それは仏の言葉である。だから、仏にしか理解できないのである。大日如来の宇宙語による説法を理解しようとすれば、われわれが仏になるよりほかないのだ。それが密教である。密教ではそのように考えているのである。

いま、わたしは、密教の仏は大日如来であると言った。じつは、大日如来はサンスクリット語ではヴァイローチャナと呼ばれる仏である。ヴァイローチャナは「太陽の光」を意味する。宇宙の中央にどっかとましまして、四方八方に光を照射している仏。それが大日如来のイメージである。したがって大日如来は宇宙仏である。

ところで、〝ヴァイローチャナ〟というサンスクリット語は、これを音訳すれば〝毘盧遮那〟あるいは〝毘盧舎那〟となる。そして、毘盧遮那仏・毘盧舎那仏といえば、あの『華厳経』の教主である（一三七ページ参照）。したがって、大日如来は毘盧遮那仏（以下〝毘盧遮那仏〟の表記に統一する）と異名同体の仏である。両者はともに宇宙仏である。

この異名同体の仏を、顕教と密教では次のように性格づけている。顕教というのは、密教ではない仏教であって、狭義の大乗仏教と小乗仏教が含まれる。〝顕〟というのは「あらわれること・あきらかなこと」の意で、「秘密」の反対だと思えばよい。

毘盧遮那仏は……顕教の仏であって、その性格は「沈黙の仏」である。

大日如来は……密教の仏であって、「雄弁の仏」である。

ここで読者は疑問に思われるかもしれない。どうして「顕」のほうが沈黙の仏で、「秘密」のほうが雄弁なのか、と。

それは、大日如来はいくら雄弁に説法をしても、聴聞する側に宇宙語を理解する能力がないから「秘密」になるのだ。しかし、毘盧遮那仏は、衆生に宇宙語でもって説法をしても無意味であるから、説法をされずに沈黙しておられるのである。しかし、沈黙していたのでは、衆生を救ってやることができない。そこで毘盧遮那仏は自分の代理人として、あるいは分身として、釈迦仏を人間世界に送り込み、釈迦仏を通じて衆生に説法しておられる。

密教のほうでは、このように密教と顕教の違いを考えている。

以上を図解すると次のようになる。

▼大日如来による宇宙語の説法

顕教は、釈迦仏が人間の言葉でもって説法されるから、われわれはそれを理解することができる。もっとも、日本人にはサンスクリット語は外国語である。しかし、それは人間の言葉であるから、われわれはそれを学ぶことができる。また、自分でできなければ、学者に頼んで翻訳してもらえばよいのである。

だが、密教の大日如来の説法は宇宙語である。宇宙語は仏の言葉である。だから、人間がそれを理解することはむずかしい。

仏の言葉である宇宙語とは、どういうものか……？　風の音、波の音、小川のせせらぎが宇宙仏の説法かもしれない。空の星の動きも、われわれに宇宙語による大日如来の説法を伝えてくれているのかもしれない。宇宙語による説法は、なにも音声だけによるとはかぎらないのである。花が咲き、やがて枯れていく自然の変化のうちに宇宙仏の語りかけがありそうだ。

われわれが病気になる。われわれ凡夫は〈いやだなあ……〉と思ってしまうが、ひょっとしたらその「病気」も、宇宙語によってわれわれに何かを教えてくれているのかもしれない。愛する者の死も、宇宙仏の説法なのであろう。

宇宙語とは象徴言語（シンボリック・ランゲージ）である。宇宙仏はさまざまな象徴を多用して、わたしたちに言葉にならない神秘を語ってくれているのだ。

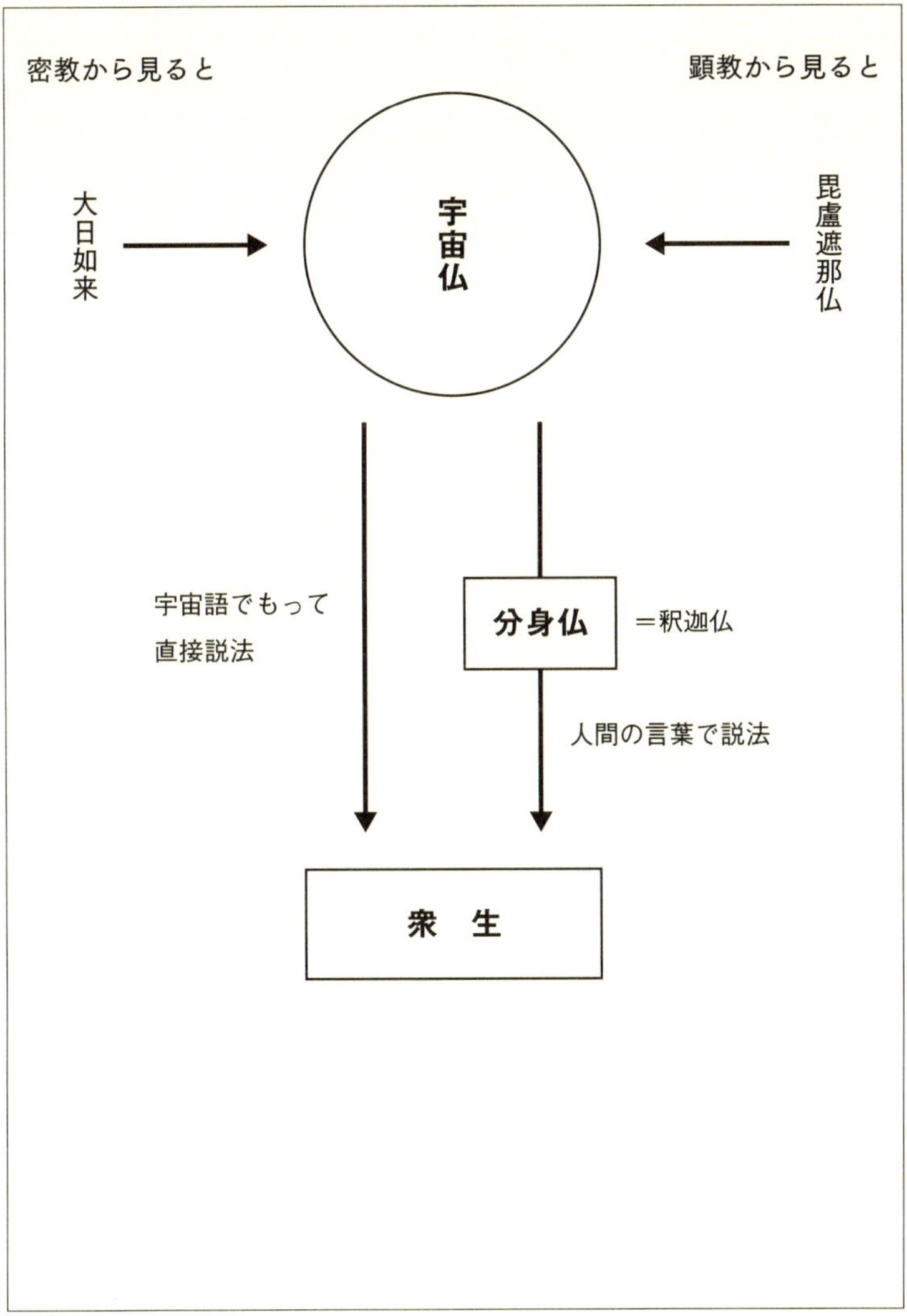
密教から見ると
顕教から見ると
大日如来
宇宙仏
毘盧遮那仏
宇宙語でもって
直接説法
分身仏
＝釈迦仏
人間の言葉で説法
衆　生

それはまるで暗号である。ところが、わたしたちはその暗号を解読できないでいる。いや、わたしたちは、それが暗号であることにさえ気づいていないのである。暗号だと分かれば、それを解読する方法もありそうだが、気づいていないのだからどうしようもない。

では、どうすれば、われわれは大日如来の説法を聴聞することができるか……？

いや、そもそもわれわれに大日如来の宇宙語による説法を理解できるだけの能力があるのであろうか？

そのような疑問が出てくる。しかし、その疑問に答える前に、われわれは密教の経典がどういうものであるかを見ておくことにする。

▼密教経典とは何か？

代表的な密教経典に、次の三経がある。

1 『大日経』……正しくは『大《だい》毘《び》盧《る》遮《しゃ》那《な》成《じょう》仏《ぶつ》神《じん》変《ぺん》加《か》持《じ》経《きょう》』という。唐の善無畏《ぜんむい》訳、七巻。

2 『金剛頂経《こんごうちょうきょう》』……一般には、不空訳、三巻が用いられている。

3 『理趣経《りしゅきょう》』……正しくは『大《だい》楽《らく》金《こん》剛《ごう》不《ふ》空《くう》真《しん》実《じつ》三《さん》摩《ま》耶《や》経《きょう》』。不空訳、一巻。

この三経が日本の密教に関係の深い経典である。

これらの経典がつくられた年代は、七世紀の中葉から八世紀にかけてだと推定されている。

それ以後もインドの地で多数の密教経典がつくられているのだが、しかし後期の密教経典のほとんどはチベットに伝わり、中国や日本に伝わってこなかった。中国・日本に伝わってきた密教経典は、インドでごく初期に成立したものである。

ところで、密教経典には、顕教（大乗仏教・小乗仏教）の経典とは違った大きな特色がある。顕教の経典は、少数の例外がないわけではないが、原則的には分身仏である釈迦仏の説法の形式をとっている。すなわち宇宙仏である毘盧遮那仏は沈黙していて、分身仏である釈迦仏が衆生に説法されるのである。

ところが、密教経典では、宇宙仏である大日如来が直接に説法をされるという形式をとる。たとえば、『大日経』である。『大日経』の教主は大日如来であり、ここでは大日如来が説法をされている。といっても、この場合は宇宙語による説法ではない。宇宙語を表記することは不可能である。だから大日如来は人間が使っている言葉でもって説法されるのだが、その説法は難解である。われわれ凡夫にそれが理解できるはずがない。それ故、大日如来の説法を聴聞する人は、

金剛手《こんごうしゅ》（秘密主あるいは金剛薩埵《こんごうさった》ともいう）をトップとする特殊グループの人たち（『大日経』はこの人たちを執金剛《しゅうこんごう》と呼んでいる）と、

弥勒菩薩や文殊菩薩、さらには普賢《ふげん》菩薩といった大乗仏教の菩薩たち、

に限られている。すでに悟りを完成している、あるいは完成直前にある人々に対してのみ、大日如来は教えを説くのである。そこには、小乗仏教の声聞たちは一人もいない。

それから、密教経典の伝承のされ方には、おもしろい特色がある。

いま述べたように、『大日経』を聴聞したのは金剛薩埵であった。金剛薩埵が聴聞した密教経典は『大日経』だけではない。ほかにも数多くある。『金剛頂経』もそのうちの一つである。

で、金剛薩埵は、自分が聴聞した密教経典を南天竺（南インド）の鉄塔の中に安置した。そうしてじっとチャンスを待っている。するとそこに龍猛《りゅうみょう》菩薩がやって来る。金剛薩埵はこの龍猛菩薩に密教の灌頂《かんじょう》（法を授けるときの儀式）を施し、そして鉄塔の中にある密教経典を授けた。このようにして金剛薩埵は密教経典を人間世界に伝えたのである。

もちろん、これは伝説である。龍猛といえば、インド名はナーガールジュナ。そしてナーガールジュナといえば、中観派の哲学者の龍樹である。龍樹は二、三世紀の南インドのアンドラ朝の人物。『大日経』や『金剛頂経』の成立は七・八世紀であるから、そこに五百年のずれがある。どう考えても、龍樹イコール龍猛にはならない。龍樹が南インドの出身ということで、ここに龍樹を登場させたのであろうが、とんでもない時代錯誤である。

だが、その点を別にすれば、この伝説は密教経典の伝承の特質をよく示している。密教経典はあくまでも大日如来の宇宙語による説法を伝えたものだ。人間がつくった経典ではない。そのことをこの伝説は言っているのである。

▼加持の理論

話がちょっと脱線した。われわれはどうすれば大日如来の宇宙語による説法を理解することができるだろうか……？　といった問題を考えていたのであった。話をそこに戻す。

宇宙語がいかにむずかしいものであっても、われわれにそれを理解できないはずはない。努力すれば理解できるに違いない。われわれが努力して仏の境地に近づいて（できれば覚りを開いて仏になって）、それを理解できるだけの能力をもてばよい。そういう考え方もある。あんがいまともな考え方である。

だが、それは顕教の考え方である。すなわち、それは「修行」の考え方だ。

密教はそのような考え方をしない。というより、そんな考え方をすると密教ではなくなってしまうのだ。

では、密教はどう考えるか？　密教では、

——加持（アディシュターナ）——

といったことを考える。譬喩でもって説明する。

磁石がある。しかし磁石というものは、自然にパワーが落ちるものだ。そのパワーを回復させるには、磁石をよりパワーの大きい磁石にくっつけてやるとよい。そうすると、大きな磁石のパワーが小さな磁石に移るのである。

これが加持である。

われわれ凡夫は誰もが仏性をもっている。が、残念ながらその力は弱い。そこでわれわれは仏の世界に飛び込み、仏と一体となることによって仏の力をいただくのである。〝加持〟の〝加〟は「加被」の意で、仏の力が凡夫に加わること。〝持〟は「摂持」の意で、その加わった力を凡夫が保持し続けることをいう。

太陽(大日如来)に照らされたとき、小さなコップの中の水も自然に温かくなる。それが「加持」である。

このような加持によって、われわれは仏と一体となれる。仏と合一するのだ。それを密教では、

――入我我入《にゅうがが にゅう》――

という。この言葉には〝仏〟が省略されていると思ってほしい。すなわち、「仏入我、我入仏」である。仏がわたし(我)の中に入り、わたし(我)が仏の中に入るのだ。そうすると、我と仏とが合体して我イコール仏となるのである。そこで読者は、前章の最後のところでわたしが言ったことを思い出してほしい。ヒンドゥー教のバクティの理論は「神入我、我入神」であり、バクティによって人間は神と合体できるのだ。密教においては、加持によって人間は仏と合体できる。密教とヒンドゥー教はこの点でもよく似ている。一般の民衆は「修行」なんてできないのである。だから「加持」や「バクティ」によらねばならない。民衆の宗教がよく似ているのは、これはあたりまえのことなのである。

このようにしてわれわれが仏と合体したとき、われわれは仏の語る宇宙語を理解できるようになるのだ。いや、この表現はよくない。われわれが仏と合体したとき、と言えば、われわれのほうの努力で仏に近づいて行くように思われてしまう。そうではない。加持というのは仏のほうからの働きかけである。だからわれわれのほうから近づくのではない。それだと顕教の修行になってしまう。

われわれは、ただ仏の世界に飛び込めばよいのである。

そうすると、自然に宇宙語が理解できるようになるのだ。

そのことは、外国語の学習と比較すればよい。文法だとかアクセントなどを気にしていたのでは、なかなか外国語を修得できない。しかし、子どもが外国に行くと、自然に外国語を話すようになる。われわれも仏の世界に飛び込んで行けば、自然に仏の言葉である宇宙語が身につくのである。それが密教のやり方である。

▼曼荼羅とは何か？

では、わたしたちが飛び込んで行く仏の世界はどういう世界か……？　密教では、その仏の世界を、

——曼荼羅（曼陀羅とも表記される）——

という。だが、曼荼羅といえば、たいていの人が密教寺院にある曼荼羅の図像を思い浮か

べる。それも曼荼羅の一種であるが、曼荼羅というのはじつは「仏の世界」である。もっと厳密にいえば「大日如来の世界」である。

そして、大日如来は宇宙仏である。したがって、大日如来の世界といえば宇宙そのものである。宇宙そのものが曼荼羅なのだ。

ところが、宇宙というのは時間と空間を超越した世界である。したがって、われわれ凡夫はこの宇宙そのものである曼荼羅（それを宇宙曼荼羅と呼ぶことにしよう）を見ることができない。見ることも感じることも、また考えることすらできない。

でも、凡夫には見ることのできない宇宙曼荼羅を、高度なテクニックを身につけた行者であればそれを感じとることができる。それを感じとる技術を密教では観法という。これは簡単にいえばメディテーション（瞑想）である。これはまた瑜伽《ゆが》（ヨーガ）ともいう。そして、行者が観法・瞑想・瑜伽によって感じとった曼荼羅を、われわれは心象曼荼羅と呼ぶことにする。これは行者の心の中にある心象風景であって、他人はそれを見ることができない。

その心象曼荼羅を、われわれ凡夫が見ることのできるように具象化されたものが具象曼荼羅である。この具象曼荼羅を一般には曼荼羅と呼んでいるのである。だが、具象曼荼羅だけが曼荼羅ではない。それは心象曼荼羅が具象化されたものである。

というわけで、曼荼羅には三種あるのである。

1　宇宙曼荼羅……大日如来の宇宙そのもの。

2　心象曼荼羅……行者が捉えた大日如来の宇宙の心象風景。
3　具象曼荼羅……2の心象曼荼羅を具象化したもの。

ところで、われわれ日本人は、具象曼荼羅といえば図像の曼荼羅を思い浮かべる。しかし、大日如来の宇宙は二次元の平面であるはずはない。宇宙は時間と空間を超越しているから、具体的にそれを表現することは不可能であるが、正しく表現するのであれば、四次元になる。しかし、四次元を表現することは不可能だから、少なくとも三次元にすべきである。つまり、球形の曼荼羅をつくるべきだ。球形が無理であっても、立体にしたほうがよい。

実際、ネパールやブータン、チベットにおいては立体曼荼羅がつくられている。半球形につくられた壇の上にさまざまな仏像が安置された曼荼羅である。

しかし、このような立体曼荼羅をつくるよりも、平面にしたほうが簡便である。それで日本などでは平面の図像曼荼羅になったのである。これは地球儀の代りにつくられた地図だと思えばよい。

▼曼荼羅は仏の世界

曼荼羅には種々さまざまな仏や神が描かれている。それを分類すると左のようになる。

1　仏・如来
2　菩薩。

3　明王。

4　諸天諸神。

普通、仏・如来は出家者の姿で造像される。ところが、曼荼羅においては、大日如来だけは在家の人間、それも帝王の姿で造像されている（ただし、出家者の姿の大日如来がないわけではない）。これはどうしてかといえば、大日如来が宇宙仏だからである。宇宙そのものが大日如来である。地球儀でいえば、地球儀そのものが大日如来である。そしてその大日如来が、われわれの前に、あるときは釈迦仏となり、あるときは阿弥陀仏となり、また観音菩薩、地蔵菩薩、文殊菩薩となって、さらには不動明王や愛染明王となり、諸天諸神の姿となって出現される。曼荼羅はそのことを表現している。

その意味では、本当は大日如来は姿なき存在である。なにせ宇宙そのものが大日如来なのだから。であれば、大日如来は描く必要はない。描く必要はないが、描かずにおくとわれわれは大日如来の存在を忘れてしまう。それで、大日如来を仏でない存在として在家の姿で描いたわけである。

それから、3の明王について注記しておく。われわれにおなじみの明王は不動明王や愛染明王であるが、どうも明王は仏の世界の一員とは思えない存在である。からだは肥満体で腹が出ている。顔つきも卑しい。左右不揃いな眼、牙《きば》をむいた口、ぼさぼさの髪の毛。上半身は裸で、下半身には短裙《たんくん》（ふんどし）をつけている。明王は、どうやらインドの奴隷階級をモデルにしたもののようだ。

しかし、この明王は大日如来の使者である。あるいは捕吏《ほり》というべきか。世の中には、ひねくれ者、頑固者がいる。地蔵菩薩や観音菩薩が慈悲のこころで衆生を救われようとするが、そうするとそれにそっぽを向くひねくれ者がいる。そうすると彼らは救われない。救われないのは自業自得だから放っておいてもよいのだが、それを救ってやろうとするのが大日如来の慈悲である。それで大日如来は明王を派遣される。明王は手剣と羂索《けんさく》（なわ・くさり）を持っている。剣でもって悪人を脅し、羂索でもって頑固者を縛り上げて、彼らを救うのだ。それが明王の役割である。

これが曼荼羅が発信しているメッセージである。

曼荼羅に描かれている諸尊のすべては、その本体は大日如来である。大日如来がさまざまな姿をとって、仏の世界にいるわたしたちを教導してくださっている。だからわれわれは、仏の世界で遊べばよい。なにもあくせくする必要はない。仏の世界でゆったりと遊んでいる姿こそが仏である。曼荼羅はそう語っているのである。

▼密教もやはり学問化した

〝リーラー〟というヒンディー語がある。「遊戯」の意味である。

〝遊戯〟は、仏教語だと〝ゆげ〟とも読まれる。それで『岩波仏教辞典』を引くと、

《遊戯《ゆげ》……仏・菩薩の自由自在で何ものにもとらわれないことをいう》

とあった。この解説はいいのだが、ただ〝遊戯〟に相当するサンスクリット語として〝ヴィクリーディタ〟が挙げられていた。でも、わたしは、〝遊戯〟はサンスクリット語だと〝リーラー〟になると思う（この場合はサンスクリット語もヒンディー語も同じ）。現代インド人は神々の遊びのことを〝リーラー〟の語でもって表現するからである。

なんだか衒学的《げんがく》なことを書いてしまった。でも、ヒンドゥー教徒は、どこか神様と一緒に遊んでいるようなところがある。神様が大好きであり、神様のファンである。お祭りが大好きだ。わたしは阪神タイガースのファンであるが、ヒンドゥー教徒はタイガース・ファンに似ている。

密教という宗教は、何度も繰り返して言っているが、民衆仏教であり、仏教がヒンドゥー教化したものである。だから、密教は、大日如来の世界でわれわれ衆生がゆったりと遊び戯れているような宗教である。歯を食い縛って修行するような宗教ではない。わたしはそう思う。

ところが、学者になると、そうはいかないのである。神様と一緒になって遊び戯れる――などと言おうものなら学者の沽券《こけん》に関わると思うのであろう、なんだかしかつめらしいことを言いだす。

じつは密教の場合、いつのころか、

――教相と事相――

ということが言われるようになった。事相とは実際に修行すること。それに対して教義を組織的に解釈するのが教相である。そして密教においては、あくまでも事相（修法）が優先する。事相のための教義解釈が教相である。

したがって、密教では学者と行者がいるわけだ。しかも、顕教においては学者が威張っているが、密教では行者のほうが威張っている。

そうして、学者と行者が連合して、民衆の素朴な信仰を体系化して、ごてごてとしたものに変えていく。

たとえば、

――三密加持――

と呼ばれるものがある。「三密」とは、

身密《しんみつ》……仏の身体によって行なわれる行為、

口密《くみつ》（語密《ごみつ》ともいう）……仏の言語による行為、

意密《いみつ》（心密《しんみつ》ともいう）……仏の心による行為、

である。これらの行為は凡夫の思慮に及ばぬものであるから「密」である。しかし、凡夫の場合は、「密」ではなしに「業」と呼ばれる。すなわち身業・口業・意業である。

そこで、凡夫の「三業」を仏の「三密」にまで高めていくのが「三密加持」である。そし

て、そのために、

身体に手印《しゅいん》（印相《いんぞう》・印契《いんげい》ともいう）を結んで、仏の身密と凡夫の身業を加持させ、

口に真言（霊力ある言葉）を唱えて、仏の口密と凡夫の口業を加持させ、

心に本尊の観想（観法、メディテーション）を行なうことにより、仏の意密と凡夫の意業を加持させる。

こういう修法が考案されているのである。そして、この「三密加持」によって仏と衆生が結び合わされる。それが「三密相応」。その結果、凡夫が即身成仏できるのだ。

まあ、このような理論が構築されている。しかし、よく考えてみれば、これは庶民がやっているバクティ（熱烈信仰）を精緻《せいち》な理論につくりあげただけのことである。そういう仕事をするのが密教の学者と行者である。そして彼らが熱心にその仕事をすればするほど、密教は学問仏教になり、民衆の宗教ではなくなっていったのである。

▼タントラ教と左道密教

最後にタントラ教に触れておかねばならない。

密教はときに〝タントラ仏教〟あるいは〝タントラ乗〟と呼ばれることがある。とくに西洋の学者にその傾向がある。しかし、それはおかしい。密教とタントラ教を混同してはいけない。

タントラ教は七世紀の後半、インドのベンガル地方に出てきたカルト集団に起源をもつヒンドゥー教の一形態である。彼らは、シヴァ神の妃であるドゥルガーまたはカーリーを崇拝する。男神であるシヴァ神は非活動の神であり、したがって救済力をもたない。活動力をもつのはシヴァ神の妃である女神である。そしてその活動力は〝シャクティ〟（性力の意）と呼ばれる。われわれはその神妃のもつシャクティによって救われるのだ。というのがタントラ教の主張である。

そしてタントラ教の信者たちは、彼らの主張を盛り込んだ多数の聖典をつくった。その聖典を彼らは〝タントラ〟と呼んだので、この宗教がタントラ教と呼ばれるようになったのである。

タントラ教は、最初はベンガル地方のカルト集団がつくった民間信仰的な宗教であったが、やがて信者が増えて全インドに弘まり、ヒンドゥー教のシヴァ派の中のシャクティ派と呼ばれる一派になった。

ところで、このタントラ教の思想は、どこかで密教と通ずるものがある。タントラ教の中でもとくにファナティック（狂信的）な人々は、男女の性的結合（性交）を重視するのだが、それが密教の加持の理論に通じるのである。いや、密教の学者・行者のうちで、このタントラ教の主張に飛びついた人たちがいた。彼らは、セックスによる忘我の体験こそが仏教でいう「無我」の境地であり、その無我によって大日如来との「入我我入」による合一が達成されると考えた。そして、そうした理論によって左道密教をつくりあげた。いや、密教を左道化したと言ったほうがよさそうだ。

彼らは、自分たちがつくった経典を「タントラ」と呼んだ。それで、そうした左道密教を「タントラ仏教」と呼ぶのである。

だが、誤解しないでほしい。タントラ仏教のすべてがいかがわしいものではない。いかがわしいものも多いが、なかにはまじめなものもある。

いかがわしいといえば、たとえば『理趣経』なども読み方によっては相当にいかがわしい。『理趣経』は、

妙適清浄句是菩薩位。

と説く。〝妙適《みょうてき》〟の原語はサンスクリット語の〝スラタ〟であり、これはセックスによって得られるエクスタシーの境地である。それ故、これを文字通りに読むと、性交によって達せられる清浄の境地こそが菩薩の境地であるとなり、セックス礼讃に受け取られる。だが、そう読むのはよくない。これは人間が「入我我入」によって大日如来と一体となった状態を、男女の性交によって説明したまでである。

したがって、左道化したタントラ仏教のうちには、男女の性的結合といった卑猥な儀礼を

取り入れたものもある。けれども、なかにはまじめなものもあったことを忘れてはならない。

ところで、このようなタントラ仏教——密教の左道化——を、ほとんどの密教の研究者が民衆のせいにしている。民衆が密教のうちにいかがわしいものを持ち込んだというのである。だが、わたしはそうは考えない。民衆はもっと健全である。たしかに民衆のうちには、おかしなカルト教団に踊らされる者もいる。だが、民衆がおかしなカルト教団をつくったのではない。民衆は踊らされただけである。

タントラ仏教をつくり、密教を左道化させたのは、密教の学者と行者である。民衆は学者と行者に踊らされたのだ。しかも、踊らされた民衆はごく一部である。大部分の人たちは、まじめな仏教者であり、まじめなヒンドゥー教徒であった。わたしはそのように考えている。

終章

インド仏教の終焉

▼ヒンドゥー教の三つの救済理論

ヒンドゥー教には三つの救済理論があるとされている。救済理論というのは、不幸な状態にある人間を、いかにして不幸から救い出して幸福にさせるか、その手だてを考えたものだ。それに三つの道（方法）があるというのだ。

1　カルマ（祭祀）による道。
2　ジュニャーナ（知識）による道。
3　バクティ（信愛）による道。

宗教というものは、少し考えると分かることだが、人間の救済を目指している。ということとは、宗教においては、人間は不幸だ、真に幸福ではないということが前提にされている。「いえ、わたしは幸福です。不幸ではありません」と、ここで変なことは言わないでほしい。人間は死なねばならぬ。愛する者と別離せねばならない。仏教はそれを「苦」と呼んでいるが、人間が「苦」であることそのことが不幸なのだ。その不幸からどうすれば救われるか、それを教えたものが宗教である。

そして、ヒンドゥー教では、われわれが不幸から救われるのに三つの方法があるとしている。

第一の「カルマ（祭祀）の道」は、祭祀の実行によって神々に祈り、神々の加護によって救われようとする方法である。

第二の「ジュニャーナ（知識）の道」は、知識によって救われる方法である。これを詳しく解説するとなると、また別に一冊の本を書かねばならなくなる。簡単にいえば、神のこころを知るのである。なぜ神が「死」をつくられたのか？　なぜ神がわたしにこのような不幸を与えられたのか？　それを知ることによってわれわれは救われるのである。

第三の「バクティ（信愛）の道」は、本書の第八章に詳しく解説したから、ここでは解説の必要はない。

ところで、この三つの道は、おもしろいことに、

カルマの道は……婆羅門教、

ジュニャーナの道は……仏教、
バクティの道は……ヒンドゥー教、
に対応している。すなわち、婆羅門教は祭祀中心主義の宗教であり、仏教は知識の宗教であり、またヒンドゥー教の大きな特色はバクティ(熱烈信仰)にあるからである。
もっとも、これはいまわたしがちょっと図式化して言ったのであり、婆羅門教イコール祭祀の宗教というわけではない。婆羅門教の中にもジュニャーナがあり、またバクティもある。いや、そもそも婆羅門教とヒンドゥー教をまったく別な宗教と見ること自体がおかしい。そのことについてはすでに述べておいた。同様に、仏教もまたヒンドゥー教の一派と見ることができるのであって、われわれは仏教をヒンドゥー教から切り放して扱っているが、そのやり方のほうがおかしいとも言えるわけだ。それはそうだが、いちおう図式的には、婆羅門教はカルマの宗教、仏教はジュニャーナの宗教、ヒンドゥー教はバクティの宗教といえるのである。

▼学問化による仏教の消滅

さて、ここでわたしが言いたいことは、仏教はジュニャーナの宗教だから、どうしても知識仏教・学問仏教・理論仏教になりやすいということだ。

もっとも、仏教の場合は、〝ジュニャーナ〟を「知識」と訳すより「智慧」と訳したほうがよい。そして仏教が「智慧の宗教」であることは言うまでもないことだ。そうすると、どうしても仏教は学問仏教になり理論仏教になってしまう。これは仕方がないことだ。

まず阿羅漢学派が学問仏教化して阿毘達磨仏教になった。

そして、民衆仏教であるはずの大乗仏教が、その一部が民衆から遊離して学問仏教になった。

さらに密教が独自の教学をつくりあげて理論仏教になった。

その学問仏教・理論仏教になった仏教は、大乗とか小乗とか密教といった差別はほとんどされずに、各地に建立された大寺院において研究された。われわれはその一例である那爛陀《ならんだ》寺を紹介しておいたが、そのほかにもヴィクラマシラー寺やオーダンタプリー寺、ヴァジラーサナ寺がある。これら三寺は九世紀の建立と推定されている。

ヴィクラマシラー寺はマガダの北辺、ガンジス河南岸の小高い丘の上に建立されていたという。だが、その遺址は現在まだ確認されていない。中心に大きな仏殿があり、その周囲に五十三の密教の寺院と五十四の一般の寺院、合計で百八の寺があったという。また、百八人の学僧がいたと伝えられている。

ヴィクラマシラー寺は密教の根本道場と言われているが、しかしなにもそこでは密教だけが研究されていたのではない。那爛陀寺と同じく、それらの大寺院は今日でいう仏教大学であり、半数の学僧は密教学を研究しているが、残りの半数は大乗仏教や小乗仏教、あるいはその他の学問研究をしていたのである。

仏教大学と称されるべき大寺は、このほかにも多数あった。そのうち東ベンガルのソーマプラ大寺や同じく東ベンガルにあったジャガッダラ大寺が有名である。後者のジャガッダラ大寺の遺跡はまだ発見されていないが、一九二七年に発掘されたソーマプラ大寺は一マイル四方の大寺院で、中に百七十七の僧房があった。また墻壁《しょうへき》で囲まれていたというから、ことによったら軍事施設にまちがわれそうである。じつは、この点が重要になるのだが、それについてはすぐあとで述べる。

ともかく、学問仏教は隆盛であった。学問仏教が隆盛であることは、大勢の僧が学問研究で食っていけるということである。しかし、彼らは民衆から遊離していた。釈迦の時代の僧たちは、托鉢によって民衆の中で、民衆と結びついて生きていたのだが、墻壁で囲まれた大寺院の中で学問研究に明け暮れる僧たちには民衆との結びつきはない。彼らは王侯貴族や大資産家をスポンサーとして生きる学者なのだ。

そのような学者を「宗教者」と呼んでいいか？　わたしは、彼らを宗教者と呼ぶのをためらう。はっきり言えば、わたしは彼らを宗教者と呼びたくないのである。

そして——

一方においては、仏教はどんどん学問仏教になっていった。

他方においては、民衆はどんどんヒンドゥー教化していった。

学問化することによって仏教は宗教でなくなり、ヒンドゥー教化することによって仏教が仏教でなくなったのである。

とどのつまりは仏教の消滅である。

その仏教の消滅は一二〇三年のこととされている。

▼イスラム勢力のインド侵入

さて、ここにイスラム教が登場する。

〝イスラム〟（より厳密には〝イスラーム〟と発音される）という語はアラビア語で、「（神の意志や命令に）絶対帰依・絶対服従すること」を意味する。イスラム教の聖典『コーラン』には、

《今やわし〔＝アッラー〕は、おまえたちのために宗教を完成し、おまえたちの上にわしの恩恵をまっとうし、イスラムをおまえたちのための宗教として是認した》（五章三節。藤本勝次訳による）

とある。アッラーの神に絶対帰依《イスラム》する宗教がイスラム教である。

イスラム教はムハンマドによって創唱された宗教である。ムハンマドはアラブ人であって、アラビア語では〝ムハンマド〟と発音されるのに、なぜか日本ではペルシア語による〝マホメット〟が使われている。しかし、徐々にムハンマドの表記に移行しつつある。

イスラム暦は六二二年を紀元元年とするから、イスラム教は七世紀に発祥した宗教である。そして、イスラム教は次第に信者を増やして、六三二年のムハンマドの死までにアラビア半島のほぼ全域がイスラム教の勢力範囲に入った。ムハンマドの死後、イスラム教は一時、崩壊の危機に瀕するが、その危機を乗り越えて着実に教線を拡大した。八世紀の半ばには、イスラム教の支配下にある地域は、西はシリア、パレスチナからエジプト、北アフリカの旧ビザンティン帝国領、さらにはスペインにまで及び、東はササン朝ペルシアを滅ぼし、中央アジアからインダス河流域にまで及んでいる。

そして、八世紀にインダス河流域に達したイスラム勢力は、その後、徐々にインドに侵入を始める。十一世紀になると、当時、アフガニスタンを支配していたガズナ朝やグール朝――いずれもイスラム王朝――の勢力が連続的に北インドに侵入し、侵略と略奪をほしいままにした。

ところで、ご存じのようにイスラム教は厳格な一神教である。そして、偶像崇拝を禁じている。一方、インドの宗教は多神教であり、また多くの偶像を造り、それを拝んでいる。だから、インドに侵入したイスラム教の勢力は、インド人の宗教を嫌い、これを弾圧した。とくに仏教が目の敵《かたき》にされ、多数の寺院がイスラム教の軍勢によって破壊された。

そして、一二〇三年、インド密教の根本道場であるヴィクラマシラー寺院がイスラム軍によって破壊され、多数の僧尼が殺戮された。

ヴィクラマシラー寺院は、最後まで残っていた大寺院である。それが破壊されたものだから、インドの仏教寺院は全滅したわけである。

それ故、一二〇三年はインド仏教の滅亡の年である。

▼イスラム教は異教徒を弾圧しない

賢明な読者は、ここで疑問をもたれるであろう。

イスラム教の勢力は仏教を弾圧した。しかし、ヒンドゥー教だって多神教であり、偶像崇拝の宗教である。いや、むしろヒンドゥー教のほうがより多神教の要素が強く、偶像崇拝に熱心である。それなのに、なぜイスラム勢力はヒンドゥー教を弾圧しなかったのか……？

たしかに、イスラム勢力は、仏教を目の敵にしたほど、ヒンドゥー教に弾圧を加えていない。なぜイスラム勢力はヒンドゥー教に弾圧を加えず、仏教だけを弾圧したのであろうか？

じつは、イスラム教は多神教と偶像崇拝の宗教を嫌うから仏教に弾圧を加えたと説明する、その説明がまちがっているのである。

まず、イスラム教は異教徒に改宗を迫る宗教ではない。異教徒を、異教徒であるという理由だけで圧迫し、改宗を迫る宗教はキリスト教だけだと思ったほうがよい。仏教もヒンドゥー教も、異教徒に改宗を要求しない（もちろん、少数の例外はある）し、イスラム教も異教徒が異教徒であることを基本的に認めている。ただし、イスラム教の場合は、異教徒はジズヤと呼ばれる人頭税を払わねばならない。税金さえ払えば、異教徒であっても安全に生活する権利を保証してくれるのである。

でも、イスラム教は、

――コーランか剣か――

といった言葉があるように、異教徒に改宗を迫る宗教ではないか。そう思っておられる読者も多いと思う。しかし、あの「コーランか剣か」といった言葉は、キリスト教徒が自分たちのやり方――「バイブルか剣か」――をイスラム教に転嫁して、イスラム教は恐ろしい宗教だと宣伝するためにつくった言葉である。実際のイスラム教徒は、他の宗教の人たちと仲よくやっている。

と言えば、さらに反論がありそうだ。インド独立に際して、イスラム教徒とヒンドゥー教徒のあいだに血腥い争いがあった。あれもイスラム教徒がヒンドゥー教徒に対して仕掛けた喧嘩ではないか、といった反論だ。けれども、インドの独立の問題は政治が絡んでいる。政治絡みの問題を宗教だけで見てはいけない。そんなことを言うのであれば、太平洋戦争は仏教徒(日本)とキリスト教徒(アメリカ)の戦争になってしまう。パレスチナの紛争も、あれは政治の問題であって、イスラム教とユダヤ教の喧嘩ではないのだ。

実際に、インドにおいては、ヒンドゥー教徒とイスラム教徒が仲良く暮らしている。もちろん、ときにトラブルはあることはあるが、それはどんな人間の集団にもあることだ。したがって、八世紀、九世紀、十世紀にインドに侵入して来たイスラム勢力が、多神教であり偶像崇拝をしているという理由だけで仏教を弾圧した、と見ることそのものがまちがいである。彼らが仏教を弾圧したのには、別の理由がある。

では、その別の理由とは何か？

▼イスラム勢力が仏教を攻撃した理由

そこで思い出してほしいのは、前に述べた那爛陀寺（ナーランダー仏教大学）やヴィクラマシラー寺、ソーマプラ大寺である。中国からの留学僧の玄奘の報告によると、那爛陀寺には一万人以上の僧徒がおり、百余村の荘園を持っていた。ヴィクラマシラー寺の遺蹟はまだ発掘されていないが、発掘されたソーマプラ大寺に至っては一マイル四方を墻壁で囲まれた大寺院である。ことによったら軍事施設にまちがわれそうだ、と前に書いたが、わたしは、インドに侵入したイスラム勢力は仏教の大寺院を軍事施設にまちがったのではないか、と思っている。

考えてみてほしい。大寺院は荘園を持っているのである。荘園を持っているのだから、その荘園を管理する人間が大寺院の中で生活している。そして、当然のことながら、大寺院の中で、あるいは荘園の農民たちのあいだで生じたトラブル・揉《も》め事・紛争を解決するために警備員・ガードマンを雇っているはずだ。ひょっとしたら「僧兵」と呼ばれる人たちもいたかもしれない。これは、日本で中世の比叡山や高野山が僧兵を持った一つの軍事勢力であったことからも類推される。また、チベット仏教にも、昔のポタラ宮殿には数多くの僧兵がいたのである。

かてて加えて、大寺院にはカーキ色の僧衣を着た一万以上の僧徒が住んでいる。もしも僧兵たちが同じカーキ色の僧衣を着ていたとしたら（わたしは、たぶんそうであったと考えている）、イスラム勢力がこれを軍事勢力と見たのは当然ではないか。彼らは巨大な軍事勢力に脅威を感じで、これを攻撃し、僧尼たちを殺戮したのである。

その点では、織田信長（一五三四―八二）が一五七一年に比叡山延暦寺を焼き打ちしたのと同じである。信長が攻めたのは軍事勢力としての比叡山であって、天台宗という仏教寺院ではない。そこのところをまちがえてはならない。

要するに、イスラム勢力が攻撃したのは、軍事勢力としての仏教大寺院であった。わたしはそう考える。

それが証拠に、イスラム勢力はヒンドゥー教に弾圧を加えていない。

なぜかといえば、ヒンドゥー教には僧（すなわち出家者）がいないからだ。

ヒンドゥー教の寺院は、原則的に在家信者によって維持・管理がなされている。信者の輪番制で寺院の管理責任者になるのである。ヒンドゥー教においても、大きな寺院には専従の管理人がいるが、その専従職員も在家の人間である。まれには出家者（この場合は独身者）

もいるが、それは例外的である。

したがって、イスラム勢力がヒンドゥー教の寺院に脅威を感じることはない。ヒンドゥー教が多神教であり、偶像崇拝の宗教であっても、ヒンドゥー教徒がヒンドゥー教徒であってはいけないとイスラム教徒が考えるわけがない。ジズヤ（人頭税）さえ払えば、異教徒には干渉しない。イスラム教はそういう宗教なのだ。

だから、イスラム勢力はヒンドゥー教を攻撃することはなかったのだ。それがわたしの推測である。

しかし、仏教寺院にいた一万人を超える僧たちの全員がジズヤを支払っただろうか。たぶん彼らはジズヤの支払いを拒み、イスラム勢力と対立したはずだ。そこに仏教寺院が弾圧された理由がある。わたしはそう思う。

▼ヒンドゥー教仏教派の人々

理由はともあれ、仏教はイスラム勢力の攻撃を受けて、インドの地から姿を消してしまった。

仏教の終焉である。

だが、わたしは、それを悲しまない。仏教がインドの地で滅亡するのは当然だと思う。

なぜなら、インドで仏教は学問仏教・教学仏教になってしまったからだ。

仏教は、仏教の本質は宗教であって学問ではない。そして宗教というものは、民衆の悩みを軽減させ、民衆を幸福に導びくものである。にもかかわらず仏教が民衆から遊離して、学問研究・教学研究に現《うつつ》を抜かすようになったのでは、そんな仏教にレーゾン・デートル（存在理由）はない。むしろさっさと滅んでくれたほうがよいぐらいである。

ところで、一方の民衆である。では、民衆は仏教を捨てたのか……？

民衆は仏教を捨てていない。仏教徒であった人々は、しっかりと仏教を守り、仏教徒であり続けた。

だが、インドの民衆はあくまでもインド人である。そして、インド人であることはヒンドゥー教徒である。それ故、インドの仏教徒はごく自然にヒンドゥー教徒になるのである。つまり、

——ヒンドゥー教仏教派——

になってしまう。インドにおいてはそうならざるを得ないのである。

では、ヒンドゥー教仏教派の人々を、あなたは仏教徒だと認めるか？　それとも、ヒンドゥー教仏教派の人々はヒンドゥー教徒であって仏教徒ではないとするか？　問題はそれだけである。そして、どちらを答えても、現実には変りはない。十三世紀以後のインドには、ヒンドゥー教仏教派の信徒だけがいることになったのだ。

そして、現在のインドにおいても、そのことは言えるのである。

あとがき

日本の仏教は大乗仏教です。これは説明不要の常識です。

ところが、明治以降の近代日本においては、どうやら日本人は「大乗仏教」に引け目を感じるようになったようです。

なぜかといえば、明治以降、西洋経由で伝えられたサンスクリット語やパーリ語のインドの文献の研究によって、大乗仏教の経典が歴史的な人物である釈迦の説いたものではないことが分かったからです。ということは、大乗仏教は釈迦の入滅後に新たに発祥した新興宗教ということになります。それ故、明治以前は〝小乗仏教〟と呼んで蔑視していた小乗仏教のほうが本物だということになり、大乗仏教の旗色が悪くなり、日本人は大乗仏教にコンプレックスを持つようになりました。一般の庶民は別にして、少なくとも文献学者たちは小乗仏教のほうに正統性を認めています。

まったく形勢は逆転してしまいました。昔は小乗仏教を劣った仏教と見ていたのが、逆に大乗仏教のほうが新興宗教で、正統でない仏教になってしまったのです。

けれども、わたしは、大乗仏教と小乗仏教は、まったく違った別個の宗教だと思います。両者の違いはキリスト教とユダヤ教の差に相当します。キリスト教は、ユダヤ教を母体として岐れ出た新しい宗教です。それと同じく、大乗仏教は小乗仏教を母体として発祥した新しい宗教です。したがって、ユダヤ教が正統でキリスト教は非正統ということにならないように、小乗仏教が正統で大乗仏教は非正統ということにはなりません。そういう論じ方はまったく無意味です。

さて、そこで、日本の仏教は大乗仏教です。わたしは日本人は「仏教」を大乗仏教の立場に立って見るべきだと思います。キリスト教徒がキリスト教の立場に立ってユダヤの宗教の歴史を見るように、大乗仏教徒は大乗仏教の立場に立ってインドの仏教の歴史を見るべきです。明治以降の近代的な仏教研究は、インドの仏教の歴史を小乗仏教の立場から見ていました。わたしは、それはまちがいだと思います。もっとも、学問研究の上ではそういう立場に立ってもよいでしょうが、信仰者の立場からすれば、それはまちがっていると思います。

そこでわたしは、日本の大乗仏教の立場に立って、インドの仏教の歴史を見ることにしました。

具体的にいえば、インドの仏教の歴史は大乗仏教の発祥に始まります。それ以前は「前史」になります。したがって、小乗仏教は、言葉の正確な意味では「仏教」ではありません。あくまでもインドの仏教の歴史は大乗仏教に始まるのです。

わたしは、そういう大乗仏教の立場を大事にしたいと思っています。そして、本書こそ、大乗仏教の立場から書かれた、わが国最初の「インド仏教の歴史」だと自負しています。その意味では、本書の書名を『大乗仏教の成立と発展――インド仏教の歴史』にしようかとも思いましたが、ちょっと堅苦しすぎるので、『大乗仏教の真実――インド仏教の歴史』にしました。

二〇一五年九月

ひろさちや

[著者略歴]
ひろ さちや
1936年、大阪市に生まれる。東京大学文学部印度哲学科卒業。同大学院人文科学研究科印度哲学専攻博士課程中退。
気象大学校教授を経て、現在、仏教・インド思想の研究、執筆等に幅広く活躍。仏教を、一般の人々に平易な言葉で伝えている。主な著書に『仏教の歴史』(全10巻)『仏教 はじめの一歩』『人間の生き方を道元に学ぶ』『因果にこだわるな』『釈迦』『仏陀』『面白いほどよくわかる世界の宗教/宗教の世界』『親鸞』『法然』『道元』『仏教の釈迦・キリスト教のイエス』(以上、春秋社)、『ひろさちやの般若心経88講』(新潮社)、『「狂い」のすすめ』(集英社)、『のんびり生きて 気楽に死のう』(PHP研究所)など600冊を超える。

大乗仏教の真実——インド仏教の歴史

二〇一五年九月二〇日 第一刷発行

著　者　ひろ さちや
発行者　澤畑吉和
発行所　株式会社春秋社
東京都千代田区外神田二-一八-六(〒一〇一-〇〇二一)
電話 〇三-三二五五-九六一一(営業)
〇三-三二五五-九六一四(編集)
振替 〇〇一八〇-六-二四八六一
http://www.shunjusha.co.jp/
装　幀　河村 誠
印刷所　信毎書籍印刷株式会社
製本所　株式会社 三水舎
定価はカバー等に表示してあります

ISBN978-4-393-13584-6